Amo você sendo quem sou

MARSHALL ROSENBERG

Amo você sendo quem sou

TRADUÇÃO
Ana Sofia Schmidt de Oliveira

Palas Athena

Título original: *Being Me, Loving You*
Copyright © 2005 Marshall B. Rosenberg, Ph. D.

Grafia segundo o Acordo Ortográfico da Língua Portuguesa de 1990,
que entrou em vigor no Brasil em 2009.

Coordenação editorial: Lia Diskin
Revisão técnica: Silvio de Melo Barros
Revisão de texto: Tônia Van Acker
Revisão de provas: Rejane Moura
Capa, Projeto gráfico, Produção e Diagramação: Jonas Gonçalves

Dados Internacionais de Catalogação na Publicação (CIP)
(Câmara Brasileira do Livro, SP, Brasil)

Rosenberg, Marshall
 Amo você sendo quem sou / Marshall Rosenberg ; tradução Ana Sofia Schmidt de Oliveira. – São Paulo : Palas Athena, 2020.

Título original: Being me, loving you
ISBN 978-65-86864-06-9

1. Amor 2. Comunicação interpessoal 3. Relações humanas 4. Relações interpessoais 5. Relações interpessoais – Aspectos psicológicos I. Título.

20-37849   CDD-158.2

Índices para catálogo sistemático:
1. Relações interpessoais : Psicologia aplicada 158.2

Cibele Maria Dias - Bibliotecária - CRB-8/9427

2ª edição, fevereiro de 2024

Todos os direitos reservados e protegidos pela Lei 9610 de 19 de fevereiro de 1998.
É proibida a reprodução total ou parcial, por quaisquer meios,
sem a autorização prévia, por escrito, da Editora.
Direitos adquiridos para a língua portuguesa por Palas Athena Editora.

Alameda Lorena, 355 – Jardim Paulista
01424-001 – São Paulo, SP – Brasil
Fone (11) 3050-6188
www.palasathena.org.br
editora@palasathena.org.br

Sumário

11 Introdução
13 Um conflito típico
17 Sobre o tema casamento
19 Aprendendo com quatro perguntas
    Críticas 21
    Coação 22
    Recebendo com o coração 22
    Escutando e respondendo com a CNV 23
27 Representando papéis
    Ouvindo uma exigência 27
    Interrompa-me se eu estiver falando "demais" 29
    "O que você quer de mim?" 32
    Questões sobre comida 34
    Descobrindo o que queremos 37
    Quando os outros não querem receber 38
    Estamos discutindo? 39
    Ouvindo um não 44
    Você quer ouvir isso? 47
    Expressando sentimentos e necessidades 48
    Reconfortando 58
    Falando sobre certas coisas em público 59

Eu me perco de mim quando estou com você............. 61

Fazendo um pedido... 65

Lidando com sexismo ou racismo............................... 66

Xingamentos 68

71 Manifestando apreço

73 O que é necessário para praticar a CNV?

75 O que o amor tem a ver com isso

77 Conclusão

79 Apêndice

Os quatro componentes da CNV.................................. 79

Lista de alguns sentimentos universais 80

Lista de algumas necessidades universais.................. 80

Sobre a Comunicação Não Violenta 81

Sobre o Center for Nonviolent Communication.......... 83

Sobre o autor.. 85

O texto a seguir traz trechos de oficinas conduzidas por Marshall Rosenberg e de entrevistas concedidas por ele sobre temas relacionados à intimidade e aos relacionamentos pessoais. Por meio de diálogos, e usando a técnica de representação de papéis, Marshall trata dos aspectos centrais da Comunicação Não Violenta (CNV), para que possamos criar relações afetuosas com os nossos parceiros, cônjuges e familiares, ao mesmo tempo em que mantemos a nossa integridade e os nossos valores pessoais.

Introdução

Adivinhem o que me aconteceu hoje? Agora à noite estou dando este workshop sobre relacionamentos, mas passei por uma crise às sete horas da manhã. Minha mulher me ligou e fez uma daquelas perguntas que você odeia ter que ouvir a qualquer hora do dia, especialmente às sete horas da manhã, quando seu advogado não está por perto. E o que ela me perguntou naquele horário? "Eu te acordei?" Essa pergunta não foi a mais difícil. Ela prosseguiu: "Tenho uma coisa muito importante para te perguntar: eu sou atraente?" [risos] Eu detesto essas perguntas. É como aquela vez em que cheguei em casa depois de ter viajado por um tempo e ela me perguntou: "Está vendo algo diferente na casa?" Eu olhei, olhei... e disse: "Não!" Ela tinha pintado a casa inteira! [risos]

Eu sabia que a pergunta dessa manhã era uma daquelas que normalmente surgem nos relacionamentos. "Sou atraente?" Claro que, sendo eu uma pessoa que fala a linguagem da CNV, poderia sair dessa dizendo que a pergunta não era adequada porque nós sabemos que ninguém "é" alguma coisa. Ninguém é certo ou errado, ninguém é ou não é atraente. Mas eu sabia que ela não ficaria satisfeita com uma resposta desse tipo. Então disse: "Você quer saber se você é atraente?" Ela queria. "Algumas vezes sim, algumas vezes não; posso voltar para a cama?" [risos] Ela gostou disso, graças a Deus, graças a Deus! Em um dos meus livros favoritos, *How to make yourself miserable* [*Como enlouquecer você mesmo*], de Dan Greenburg, você encontra o seguinte diálogo:

– Você me ama? Olha, isso é muito importante para mim. Pense bem: você me ama?

– Sim.
– Por favor, isso é muito importante para mim. Pense seriamente nessa questão: Você me ama?
– [um tempo de silêncio] Sim.
– Então, por que você hesitou? [risos]

As pessoas podem mudar sua forma de pensar e de se comunicar. Elas podem tratar a si próprias com muito mais respeito e podem aprender com suas limitações, sem se odiarem. Isto é o que ensinaremos aqui. Mostraremos um processo que pode ajudá-las a se conectar com aqueles que lhes são próximos de um jeito que permitirá a todos desfrutar de uma intimidade mais profunda, entregando-se, abrindo-se reciprocamente com mais alegria, sem fazer as coisas por dever, obrigação, culpa, vergonha, ou qualquer outra dessas motivações que destroem os relacionamentos íntimos. Mostraremos que é possível gozar de um ambiente de trabalho cooperativo. Veremos como transformar estruturas de dominação, estruturas hierárquicas, em comunidades de trabalho onde todos compartilham da mesma visão sobre como contribuir para que a vida seja mais satisfatória. Fico sempre muito entusiasmado ao perceber que muitas pessoas, em todo o mundo, têm energia para fazer isso acontecer.

Um conflito típico

Participante: Marshall, na sua visão, qual é o maior conflito, a maior dificuldade entre homens e mulheres?

Marshall: Bem, eu escuto muito disso nos meus seminários. As mulheres normalmente me dizem: "Não quero que você tenha uma impressão errada. O meu marido é realmente maravilhoso". E então, evidentemente, eu sei que a palavra "mas" é a próxima a aparecer: "Mas eu nunca sei como ele está se sentindo". Os homens, no mundo todo – embora haja exceções – aprenderam a manifestar suas emoções na escola de John Wayne, de Clint Eastwood, de Rambo. Ou seja, fazem isso soltando uns grunhidos. E ao invés de dizer com clareza o que se passa em seu interior, rotulam as pessoas, como John Wayne faria ao entrar no bar em um de seus filmes. Nunca, mesmo com armas apontadas em sua direção, ele diria: "Estou com medo". Ou poderia passar seis meses no deserto, sem jamais dizer: "Me sinto sozinho". Como John se comunicava? Ele fazia isso rotulando as pessoas. É um sistema de classificação bastante simples, são apenas duas categorias: se é um mocinho, pague uma bebida para ele; se é um bandido, mate-o.

Com essa forma de comunicação, que foi basicamente o modo de comunicação que me foi ensinado, você não aprende a entrar em contato com suas emoções. Se você está sendo treinado para ser um guerreiro, deve manter seus sentimentos bem distantes da consciência. Mas ser casada com um guerreiro não é uma experiência muito agradável para uma mulher que brincava de boneca enquanto os meninos estavam lá fora brincando de guerra. Ela quer intimidade. Mas o homem não dispõe de um vocabulário que facilite essa tarefa.

Por outro lado, as mulheres não aprendem a falar com clareza sobre suas necessidades. Foram ensinadas, por vários séculos, a negá-las e a cuidar dos outros. Então, com frequência, ficam na dependência da iniciativa dos homens, pois esperam que eles adivinhem o que elas querem e do que precisam. Elas têm a expectativa de que eles atendam às suas necessidades e vontades. Portanto, essas são as questões que encontro com bastante frequência, mas, como disse, existem muitas particularidades individuais.

Participante: Vamos fazer uma encenação do tipo de coisa que acontece entre homens e mulheres. Você pode fazer isso? Quero dizer, você sabe qual é o tema das brigas mais frequentes, não sabe?

Marshall: Bem, uma das mais frequentes ocorre quando a mulher diz ao homem: "Eu não me sinto conectada a você do jeito que gostaria. Quero muito sentir que estamos mais ligados emocionalmente. Então, como você se sente quando eu digo isso?" E o homem responde: "Hã?"

Participante: Bom, vamos lá, vou fazer o papel do marido. [começa a encenação] Bem, o que você quer? O que você quer que eu faça?

Marshall (como esposa): Bem, agora, ao invés de me perguntar isso, eu gostaria de saber o que você está sentindo. Você está magoado com o que eu disse? Está bravo? Está com medo?

Participante (como marido): Não sei.

Marshall (como esposa): Pois é, é isso o que eu quero dizer. Se você não sabe o que está sentindo, é muito difícil que eu me sinta segura e confiante.

Participante (como marido): Bem, eu sinto que... Eu sinto que você está me criticando.

Marshall (como esposa): Então, você está se sentindo um pouco magoado e quer que eu te respeite e que reconheça o que você faz por nossa relação.

Participante (como marido): Bem, sim.

Marshall (como esposa): E, veja, eu gostaria que você tivesse me dito isso, gostaria de ouvir você dizer que está magoado e gostaria de ter algum reconhecimento. Mas olha só: você não disse isso. Você disse que eu estou te criticando. Isso exigiu que eu respirasse fundo para não ficar empacada, para que, ao invés de escutar um julgamento nas suas palavras, conseguisse escutar como você está se sentindo e do que pode estar precisando. Seria bom se eu não precisasse ter tanto trabalho. Eu realmente ficaria agradecida se você pudesse simplesmente me dizer o que está se passando dentro de você.

Participante (como marido): Bem, eu não sei o que está se passando dentro de mim na maior parte do tempo. O que eu posso fazer?

Marshall (como esposa): Bem, em primeiro lugar, estou feliz por termos esta conversa agora. Saiba que eu vou tentar ter sempre em mente como é difícil para você me dar aquilo que eu quero. Estou tentando ter consciência de que isso é uma coisa nova para você e quero ser paciente. Mas gostaria de saber o que acontece dentro de você.

Participante (como marido): Bem, neste momento, acho que estou simplesmente satisfeito por você estar me contando o que está fazendo falta para você.

Marshall: Essa é uma espécie de interação muito típica. O homem, com frequência, escuta uma exigência naquilo que a mulher diz.

Sobre o tema casamento

Talvez vocês já tenham me ouvido dizer que é mais difícil se relacionar com alguém dentro do casamento do que fora dele, por conta das coisas malucas que nos ensinam sobre o que é o casamento. Descobri que posso gostar muito mais da pessoa que vive comigo se não pensar nela como "minha esposa". E isso porque, na cultura em que fui criado, quando alguém diz "minha esposa", passa a pensar nela como sendo um tipo de propriedade sua.

A linguagem da CNV possibilita um tipo de conexão em que nos doamos uns aos outros de coração. Isso significa que, em relação a seu parceiro ou parceira, você não faz coisas por causa de um rótulo que estabelece que "é isso que se espera de você", que é isso o que "deve", "tem que" ou "se está obrigado a" fazer. Você não age por culpa, vergonha, inconsciência, medo, obrigação, dever. Acredito que quando fazemos alguma coisa pelo outro com esse tipo de energia, todos perdem. Da mesma forma, se recebemos alguma coisa com esse tipo de energia, sabemos que teremos que pagar em algum momento, porque houve um custo para a outra pessoa. Estou interessado num processo em que possamos fazer as coisas a partir do coração.

Como aprendemos a nos entregar de coração de uma forma tal que dar se pareça com receber? Quando as coisas são feitas de um jeito humano, penso que não é possível distinguir quem dá de quem recebe. Ao passo que quando interagimos naquele modo que considero ser baseado em julgamentos, as coisas não ficam nada divertidas.

Aprendendo com quatro perguntas

Vou sugerir que vocês escrevam algumas coisas em resposta a quatro perguntas que vou fazer. Se você é casada ou tem um companheiro, suponha que você está falando com seu companheiro ou cônjuge. Se quiser pensar em algum outro tipo de relacionamento, escolha alguém de quem você é bem próximo, talvez um bom amigo. Agora farei as quatro perguntas que interessam profundamente aos praticantes de CNV em todo tipo de relacionamento, mas, especialmente, nos relacionamentos íntimos. Por favor, escrevam as respostas para cada uma das perguntas como se tivessem sido feitas por essa pessoa que vocês escolheram. (Leitor: convidamos você a fazer o mesmo.)

A primeira pergunta:

Você pode me dizer uma coisa que eu faço, como seu companheiro/a ou amigo/a, que faz com que a sua vida seja menos feliz?

Veja, como praticante de CNV, não quero fazer ou dizer qualquer coisa que não seja boa para a sua vida. Então seria ótimo para mim se, cada vez que eu fizer alguma coisa que não seja enriquecedora para a sua vida, você chame a minha atenção. Você consegue lembrar-se de uma coisa que eu faço – ou deixo de fazer – que torna a sua vida menos encantadora? Escreva que coisa é essa.

Agora, a segunda pergunta. Como alguém que fala a linguagem da CNV, não apenas me importo em saber que ações minhas tornam a sua vida menos maravilhosa; também é importante que eu consiga me conectar com os seus sentimentos a cada momento. Para podermos desfrutar de uma brincadeira à qual ambos nos entregamos de coração, seus sentimentos são muito importantes, e preciso estar consciente deles. É estimulante podermos estar em contato com os sentimentos um do outro. Minha segunda pergunta é:

Quando eu faço isso, como você se sente?
Escreva como você se sente.

Vamos passar à terceira pergunta. Como uma pessoa que fala a linguagem da CNV, percebo que nossos sentimentos são resultado de nossas necessidades e daquilo que fazemos com elas. Quando nossas necessidades são atendidas, temos sentimentos que podem ser considerados "agradáveis", como felicidade, alegria, satisfação, contentamento... e quando nossas necessidades não são atendidas, temos sentimentos como esse que você acabou de escrever. Então, a terceira pergunta é a seguinte:

Quais são as suas necessidades que não estão sendo atendidas?
Gostaria que você me dissesse por que se sente assim, levando em conta as suas necessidades: "Eu me sinto desse jeito porque gostaria de _____ (ou porque eu estava querendo, ou desejando, ou esperando que _____)". Escreva o que você precisa de acordo com este formato.

Agora o praticante de CNV está entusiasmado porque quer ir para a próxima pergunta, que é central na vida de todas as pessoas que falam a linguagem da CNV. Mal posso esperar para ver a resposta a esta questão. Todos prontos para a grande pergunta da CNV?

Tenho consciência de que estou fazendo alguma coisa que não está enriquecendo a sua vida e de que você guarda certos sentimentos em relação a isso. Você me disse quais necessidades suas não estão sendo atendidas. Agora me diga o que eu posso fazer para que os seus sonhos mais lindos se tornem realidade. A CNV trata basicamente disso:

O que podemos fazer para enriquecer a vida uns dos outros?

A CNV é, em essência, a capacidade de comunicar esses quatro itens com clareza e a qualquer momento. Claro, nem sempre se trata do atendimento das nossas necessidades. Também utilizamos a CNV para dizer "muito obrigado" e para dizer às pessoas que elas realmente enriqueceram as nossas vidas mencionando os três primeiros itens. Dizemos a elas (1) o que elas fizeram para enriquecer a nossa vida; (2) quais são os nossos sentimentos, e (3) quais necessidades nossas foram atendidas por suas ações. Eu acredito que nós, seres humanos, falamos basicamente apenas duas coisas: "por favor" e "obrigado". A linguagem da CNV torna esses "por favor" e "obrigado" tão claros que as pessoas não escutam nada que as impeçam de se entregarem de coração umas às outras.

CRÍTICAS

Há basicamente duas formas de comunicação que praticamente impedem que as pessoas se entreguem de coração. A primeira é qualquer coisa que possa soar como crítica. Se você respondeu as quatro perguntas de acordo com a CNV, não haverá qualquer palavra ali que possa ser ouvida pela outra pessoa como crítica. Veja que o único momento em que você falou da outra pessoa foi ao responder à primeira pergunta mencionando um comportamento dela. Você não a criticou por aquele comportamento; apenas trouxe a atenção dela para suas ações. As outras três partes são todas sobre você: seus sentimentos, suas necessidades não atendidas e seus pedidos. Se há qualquer palavra ali que possa ser ouvida pela outra pessoa como crítica, meu palpite é que você misturou algum tipo de julgamento àqueles quatro ingredientes.

Quando falo "crítica" me refiro a ataque, julgamento, atribuição de culpa, diagnóstico, ou qualquer outra coisa que implique numa análise mental do outro. Se suas respostas foram dadas na linguagem da CNV, certamente não haverá como encontrar ali palavra alguma que possa ser lida como crítica. Por outro lado, se a outra pessoa possui este tipo de orelhas [Marshall coloca um par de orelhas julgadoras – orelhas de pelúcia parecidas com as do chacal], ela talvez ouça críticas, não importa o que você tenha dito.

Esta noite, aprenderemos como arrumar toda essa confusão, se ela vier a acontecer. O ideal é conseguir usar a linguagem da CNV com qualquer pessoa.

COAÇÃO

O segundo obstáculo à nossa capacidade de nos entregarmos de coração é a presença de qualquer indício de coação. Como praticante de CNV, você tentará apresentar para a outra pessoa aquelas quatro respostas que você escreveu de modo que ela as receba como um presente, uma dádiva, como uma oportunidade de se entregar, e não como uma exigência ou uma ordem sua. Não há espaço para crítica ou coação na CNV. Quando dizemos ao outro o que queremos, fazemos isso de um modo que traz implícita a seguinte mensagem: "Por favor, faça isso apenas se você puder fazer de boa vontade. Por favor, nunca faça algo para mim que tenha um custo para você. Jamais faça alguma coisa por mim se houver qualquer traço de medo, culpa, vergonha, ressentimento ou resignação em sua motivação. Caso contrário, nós dois sofreremos. Por favor, atenda ao meu pedido apenas se a sua ação vier do coração, de modo que dar a mim o que eu preciso possa ser também um presente para você". Somente quando as duas pessoas sabem que não estão perdendo, que não estão se resignando ou desistindo de alguma coisa, é que ambas se beneficiam da ação.

RECEBENDO COM O CORAÇÃO

Existem duas partes principais na CNV: a primeira é a habilidade de dizer aquelas quatro coisas para a outra pessoa sem que ela venha a escutar críticas ou exigências. A outra parte é aprender a receber aquelas quatro respostas, quer esteja a outra pessoa utilizando a linguagem da CNV ou, ao contrário, uma linguagem repleta de julgamentos. Se ela estiver utilizando a linguagem da CNV, nossa vida fica bem mais fácil. Ela responderá as quatro perguntas com clareza e o nosso trabalho será ouvir precisamente o que foi dito antes de reagir.

No entanto, se a outra pessoa utiliza uma linguagem repleta de julgamentos, então teremos que escutá-la com as nossas orelhas da CNV [risos, enquanto Marshall coloca um par de orelhas da CNV]. Essas orelhas servem de tradutores: não importa que língua a outra pessoa esteja falando, quando usamos as orelhas da CNV, só escutamos CNV. Por exemplo, a outra pessoa diz: "O seu problema é que _____". Com as orelhas da CNV, eu escuto: "O que eu preciso é _____". Não escuto julgamentos, críticas, ataques. Ao usar essas orelhas, percebo que toda crítica é a expressão patética de uma necessidade não atendida. Patética porque, normalmente, esse modo de expressão impede que a pessoa consiga aquilo de que precisa. Ao contrário, causa todo tipo de tensões e problemas. Com a CNV, pula-se essa parte. Nunca escutamos críticas, apenas necessidades não atendidas.

ESCUTANDO E RESPONDENDO COM A CNV

Agora praticaremos a escuta nos moldes da CNV quando as pessoas estão fazendo julgamentos. Gostaria que algumas pessoas se voluntariassem para apresentar situações que vivenciaram, de modo que todos possamos aprender com elas. Se vocês lerem o que escreveram, poderemos ver se realmente responderam utilizando a CNV ou se misturaram nas respostas algum tipo de julgamento. A primeira pergunta: "O que é que eu faço que torna a sua vida menos encantadora?"

Participante A: Parece que você não escuta.

Marshall: "Parece que você." Posso dizer desde já que você não respondeu à pergunta utilizando a CNV. Quando você diz "parece que você", já sei que um diagnóstico está a caminho. "Parece que você não escuta". Isto é um diagnóstico. Alguma vez você já ouviu alguém dizer: "Você não escuta!", e a outra pessoa responde: "Eu escuto sim!" "Não, não escuta!" "Sim, eu escuto!"? Vejam, isso é o que acontece quando começamos com uma crítica e não com uma observação. Me diga o que eu fiz para você achar que eu não te escuto. Eu posso estar lendo jornal ou assistindo TV e ainda assim estar te escutando!

Participante A: Eu estou vendo que você está assistindo TV.

Marshall: Se o seu companheiro não estiver escutando nos moldes da CNV, neste exato momento ele se sentirá atacado. Mas, sendo eu o seu companheiro e usando as orelhas da CNV, não escuto crítica alguma; simplesmente percebo a qual comportamento você está reagindo. "Você está reagindo ao fato de eu estar assistindo TV enquanto você está falando comigo?"

Participante A: Sim.

Marshall: "Como você se sente quando eu estou assistindo TV enquanto você está falando?"

[Marshall comenta com a participante]: E não responda "sinto que não estou sendo escutada". Essa é apenas uma forma disfarçada de fazer outro julgamento.

Participante A: Frustrada e magoada.

Marshall: Agora estamos indo bem! E você pode me dizer por que você se sente assim?

Participante A: Porque eu queria me sentir valorizada.

Marshall: Isto é a linguagem de CNV clássica! Percebam que ela não disse "Eu me sinto frustrada e magoada porque você está assistindo TV". Ela não está me culpando por seus sentimentos, mas os atribui às suas próprias necessidades: "Eu me sinto _____ porque eu _____". As pessoas que julgam, por outro lado, expressariam seus sentimentos assim: "Você me magoa quando assiste TV enquanto está falando comigo". Em outras palavras: "Eu me sinto _____ porque você _____".

Agora, a quarta pergunta:
"O que você gostaria que eu fizesse para que a sua vida fosse encantadora?"

Participante A: Quando estamos conversando, eu gostaria que você me olhasse nos olhos e repetisse para mim o que me ouviu dizer.

Marshall: OK. Todos escutaram essas quatro coisas? "Quando você assiste TV enquanto eu estou falando, eu me sinto frustrada e magoada porque eu realmente gostaria que você valorizasse e prestasse atenção no que estou dizendo. Será que você poderia me olhar nos olhos enquanto estou falando e em seguida repetir o que me ouviu dizer, me dando então a chance de explicar se não for exatamente aquilo que eu quis dizer?"

Agora, é claro que o outro pode ouvir isso como uma crítica e pode querer se defender dizendo: "Eu estou escutando. Eu consigo te escutar enquanto estou assistindo TV". Ou então, se ele ouviu uma exigência, pode reagir assim: "[Suspiro] Tá bom!" Isso nos mostra que ele não escutou o que foi dito como um pedido, como uma oportunidade para contribuir para o nosso bem estar comum. Ele ouviu uma exigência. Ele pode até concordar, mas, se o fizer, você vai desejar que não tivesse concordado – e isso porque ele agiu assim apenas para evitar que você tenha um ataque de nervos. Ou seja, ele vai fazer aquilo não para que a sua vida seja feliz, mas para que a dele seja menos infeliz.

É por isso que o casamento é um verdadeiro desafio. Muitas pessoas aprenderam que amor e casamento significam negar a si próprias e fazer as coisas pelo outro. "Se eu a amo, tenho que fazer aquilo, mesmo que não queira." Então, ele vai fazer, mas você desejará que não tivesse feito.

Participante A: Porque ele vai contabilizar os pontos.

Marshall: Sim, pessoas assim têm computadores na cabeça: elas vão te dizer o que aconteceu doze anos atrás quando negaram a si próprias. A situação volta, em uma forma ou outra. "Depois de tantas vezes que fiz coisas por você sem querer fazer, o mínimo que você pode fazer agora é _____!" Oh, sim, e isso continua infinitamente; não se preocupe, essas pessoas são excelentes em estatísticas.

Representando papéis

OUVINDO UMA EXIGÊNCIA

Participante: Então, como um praticante de CNV responde quando uma pessoa diz "Eu consigo escutar você e assistir TV ao mesmo tempo"?

Praticante de CNV: Você está incomodado porque escutou meu pedido como uma forma de pressão e não quer ser pressionado?

Participante: Claro, você está sempre fazendo exigências. Meu Deus! Exige isso, exige aquilo!

Praticante de CNV: Então você está exaurido com tantas exigências, e gostaria de fazer as coisas porque está a fim de fazer e não porque se sente pressionado?

Participante: Exatamente.

Praticante de CNV: Agora estou me sentindo muito frustrada porque não sei como fazer para que você entenda o que eu quero sem que isso soe para você como uma exigência. Vejo apenas duas opções: ou não digo nada e aí as minhas necessidades deixam de ser atendidas, ou digo o que quero e você escuta isso como uma exigência. De qualquer forma, eu perco. Você pode me dizer o que acabou de ouvir?

Participante: Hã?

Marshall: Vejam, é muito confuso para as pessoas que não conhecem a CNV. Elas cresceram em um mundo de coação. Seus pais certamente pensavam que a única forma de conseguir que elas fizessem alguma coisa seria através da punição, ou fazendo com que se sentissem culpadas. Talvez não conhecessem nenhuma alternativa. Elas não sabem qual é a diferença entre um pedido e uma exigência. Realmente acreditam que, se não fizerem o que o outro quer, as ameaças ou os sentimentos de culpa virão à tona. Não é um trabalho fácil para mim, como praticante de CNV, ajudar a pessoa a escutar os meus pedidos como presentes e não como exigências. Quando conseguimos isso, no entanto, nos livramos de anos de sofrimento, porque qualquer pedido se transforma em sofrimento quando o escutamos sem as orelhas da CNV.

Praticante de CNV: Eu gostaria de saber como pedir o que eu quero de modo que não soe como se eu estivesse pressionando você.

Participante: Eu não sei.

Praticante de CNV: Bom, fico feliz que estejamos colocando isso a limpo, porque esse é o meu dilema: não sei como posso dizer a você o que eu quero sem que você imediatamente interprete isso como uma obrigação, ou como se eu estivesse forçando você.

Participante: Bem, sei o quanto isso significa para você e... se você ama alguém, você faz o que a pessoa pede.

Praticante de CNV: Será que eu poderia sugerir a você uma mudança na sua definição de amor?

Participante: Para qual?

Praticante de CNV: Amor não é negar a si mesmo para fazer tudo pelo outro, mas, sim, expressar honestamente os seus sentimentos ou necessidades, sejam eles quais forem, e receber com empatia a expressão dos sentimentos e necessidades do outro. Receber com empatia não significa que você tem que fazer alguma coisa. É apenas receber da forma mais precisa possível o que está sendo manifestado pela outra pessoa e receber aquilo como um presente da vida. Amar é expressar com honestidade as suas necessidades; isso não significa fazer exigências, mas apenas dizer "Estou aqui. É isso o que eu quero". Como se sente a respeito dessa definição de amor?

Participante: Se eu concordar com isso, serei uma pessoa diferente.

Praticante de CNV: Sim, é verdade.

INTERROMPA-ME SE EU ESTIVER FALANDO "DEMAIS"

Marshall: Vamos a outra situação.

Participante B: Às vezes, as pessoas dizem: "Gostaria que você ficasse calado; eu não quero ouvir mais", quando estão se sentindo saturadas. Em uma situação em que a outra pessoa está falando demais...

Marshall: Se você é praticante de CNV, não tem a palavra "demais" na sua consciência. Pensar que existem coisas que são "demais", "na medida certa" ou "muito pouco" significa levar em conta alguns conceitos perigosos.

Participante B: Na noite passada, o que eu escutei você e os outros instrutores me dizerem foi que eu tenho que parar de vez em quando para que a outra pessoa tenha a chance de responder.

Marshall: "Ter que"?

Participante B: Não, não "tenho que". Quero dizer "seria uma boa ideia se..."

Marshall: Sim, você sabe que você não tem obrigação de parar de falar porque houve muitas vezes na sua vida em que você não parou. [Risos]

Participante B: Bem, eu gostaria de receber algum tipo de sinal do meu amigo...

Marshall: ... quando ele estiver escutando uma palavra além do que ele está disposto a escutar?

Participante B: Sim, certo.

Marshall: A coisa mais gentil que podemos fazer é interromper as pessoas quando elas estão usando mais palavras do que estamos dispostos a ouvir. Perceba a diferença: não é "quando elas estão falando demais". Eu digo "mais gentil" porque já perguntei a centenas de pessoas: "se você estivesse falando mais palavras do que a pessoa está disposta a escutar, você gostaria que a outra pessoa fingisse que está te escutando ou que ela te interrompesse?" Todos, com exceção de uma pessoa, responderam de forma taxativa: "Eu gostaria de ser interrompido". Apenas uma mulher disse não saber se conseguiria lidar com o fato de ser interrompida.

Na CNV, sabemos que sorrir e abrir bem os olhos para disfarçar quando sua cabeça está longe da conversa não é ser gentil. Isso não ajuda ninguém porque a pessoa à sua frente se transforma em uma fonte de stress e tensão, e ninguém quer isso. As pessoas querem que todos os gestos e que todas as palavras que saiam de suas bocas possam ser enriquecedores para você. Então, quando não estiver sendo assim, seja gentil com elas e as interrompa.

Eu levei um tempo até ter a coragem de testar essa hipótese porque na cultura dominante em que fui criado isso não se faz. Eu me lembro da primeira vez que decidi me arriscar a fazer isso em um ambiente social. Eu estava trabalhando com alguns professores em Fargo, Dakota do Norte, e fui convidado para um encontro deles à noite. Estavam todos por ali, conversando e falando sobre qualquer coisa. Em dez minutos, minha energia despencou. Eu não sabia onde estava a vida daquela conversa, não sabia o que as pessoas estavam sentindo ou querendo. Uma pessoa dizia: "Ah, você sabe o que fizemos nas férias?" E então contava sobre suas férias. E aí outra pessoa falava também sobre suas férias. Depois de escutar por um tempo, tomei coragem e disse: "Com licença, estou impaciente com esta conversa porque realmente não me sinto conectado a vocês do jeito que gostaria de estar; me ajudaria saber se vocês estão gostando da conversa". Se eles estivessem, eu tentaria descobrir uma forma de também desfrutar daquilo, mas as nove pessoas que participavam do encontro pararam de falar e olharam para mim como se eu tivesse jogado um rato na tigela de ponche.

Por aproximadamente dois minutos, pensei que iria morrer, mas aí me lembrei que nunca é a resposta que recebo que faz com que eu me sinta mal. E como eu estava me sentindo mal, sabia que estava usando as minhas orelhas julgadoras e pensando que tinha dito alguma coisa errada. Depois que coloquei as minhas orelhas da CNV, consegui escutar os sentimentos e necessidades que estavam sendo manifestados através do silêncio e pude dizer: "Acho que vocês estão todos bravos comigo e gostariam que eu tivesse simplesmente ficado de fora da conversa".

No momento em que dirijo a minha atenção para o que as outras pessoas sentem e precisam, já me sinto melhor. Colocando o foco da minha atenção nisso, retiro totalmente o poder que a outra pessoa teria de me desmoralizar, desumanizar ou fazer com que eu me sinta o ser mais insignificante sobre a face da Terra. Isso é verdade mesmo em situações como essa, em que eu estava errado. Não é pelo fato de usar as orelhas da CNV que o meu palpite está sempre certo. Achei que eles estavam com raiva, mas não estavam.

A primeira pessoa que se manifestou disse: "Não, não estou com raiva. Eu só estava pensando sobre o que você falou". E prosseguiu: "Eu estava aborrecido com essa conversa". E era ele quem mais tinha falado! Mas isso não me surpreende. Descobri que se eu estou entediado, a pessoa que está falando provavelmente está também. Isso, via de regra, significa que não estamos falando a partir daquilo que está vivo em nós: ao invés de estarmos em contato com os nossos sentimentos e necessidades, entramos nos hábitos socialmente aprendidos de aborrecermos uns aos outros. Se você é um cidadão de classe média, provavelmente está tão acostumado a isso que nem se dá conta.

Eu me lembro que Buddy Hackett disse que só depois de entrar no exército é que descobriu que poderia terminar uma refeição sem ter azia. Ele estava tão acostumado com a comida preparada por sua mãe que a azia se tornara uma segunda natureza. Da mesma forma, a maior parte das pessoas de classe média está tão acostumada a estar enfadada, que isso se tornou um estilo de vida. As pessoas simplesmente se reúnem e começam a falar o que lhes vem à cabeça: não há vida nisso – mas é a única coisa que conhecemos. Estamos mortos e não nos damos conta.

Quando fomos ouvindo as pessoas daquele encontro, cada uma das nove expressou que estava com o mesmo tipo de sentimento que eu: estavam impacientes, desestimulados por estarem ali, sem vida, inertes... Então uma das mulheres perguntou:

– Marshall, por que fazemos isso?

– Fazemos o quê?

– Sentar juntos e aborrecer uns aos outros. Você acaba de chegar, mas nós nos reunimos todas as semanas e fazemos a mesma coisa!

– Porque provavelmente não aprendemos a assumir risco, como acabei de fazer, que é prestar atenção na nossa vitalidade – respondi. – Estamos realmente obtendo da vida o que queremos? Se não, façamos algo a respeito! Cada momento é precioso. Muito precioso. Então quando nossa vitalidade estiver baixa, precisamos fazer algo a respeito e despertar.

"O QUE VOCÊ QUER DE MIM?"

Outra participante (C): Marshall, eu estava pensando que nós mulheres, quando estamos passeando de carro por aí com os nossos companheiros, às vezes falamos "Oh, não é linda aquela casa?" ou "Olhe só aquele lago, é ali que eu queria ir". Eles pensam que têm que comprar uma casa nova ou nos levar ao lago imediatamente, mas, ainda que tenhamos falado com entusiasmo, não estamos pedindo nada, estamos só pensando alto.

Marshall: Agora eu quero defender os homens, e não apenas os homens. Quando você diz alguma coisa e não diz o que espera do outro, você cria mais desconforto em uma relação do que talvez tenha consciência. A outra pessoa tem que adivinhar: "Será que ela só quer que eu diga alguma coisa simpática e superficial sobre isso, ou será que ela está querendo me dizer algo mais?"

É como aquele senhor que estava sentado ao lado de sua esposa no trenzinho que faz a conexão entre os terminais no Aeroporto de Dallas. Eu me sentei em frente a eles. O trem estava andando bem devagar. O homem, em um estado de grande agitação, vira para a mulher e diz: "Nunca vi um trem tão lento em toda a minha vida!" Perceba como isso é parecido com "Oh, não é linda aquela casa?" O que ela queria falando da casa? O que ele quer aqui? Ele não estava consciente do desconforto que se cria para a outra pessoa quando simplesmente fazemos um comentário sem deixar claro o que queremos como resposta. É um jogo de adivinhação. Mas para saber o que você quer quando faz um comentário, é necessário que esteja consciente do momento que está vivendo; é preciso estar inteiramente presente no agora. Mas ele não disse uma palavra além de: "Nunca vi um trem tão lento em toda a minha vida!"

Como eu estava sentado em frente ao casal, percebi que ela ficou desconfortável. Alguém que ela ama não está bem e ela não sabe o que ele quer. Então, ela fez o que a maior parte de nós faria quando não sabe o que o outro quer de nós. Ela ficou quieta. E ele fez o que a maior parte de nós faria quando não obtém o que quer. Ele repetiu o que tinha dito antes, como se, de uma forma mágica, a simples repetição pudesse fazer com que viesse a conseguir o que queria. Nós não percebemos que isso apenas estressa a outra pessoa. Então, novamente ele repete: "Nunca vi um trem tão lento em toda a minha vida!" Amei a reposta dela: "Isso é controlado eletronicamente". Acho que não era disso que ele precisava. Por que ela daria a ele uma informação que ele já tinha? Porque ela estava tentando consertar as coisas, tentando deixá-las melhor. Ela não sabia o que fazer e o marido contribui para o sofrimento dela ao não dizer o que queria. Então ele repete pela terceira vez: "Nunca vi um trem tão lento em toda a minha vida!" E por fim ela diz: "E o que é que você quer que eu faça a respeito?"

Vejam só. O que ele queria é o que cada um de nós quer todos os dias: aquilo cuja falta causa um impacto importante em nosso estado de espírito. Nós queremos isso sempre, normalmente mais de uma vez por dia, e quando não conseguimos, pagamos um preço alto. Na maior parte das vezes, não temos consciência de que queremos isso e, mesmo quando temos, não sabemos como pedir. Trágico. Tenho certeza de que o que ele queria era empatia. Ele queria uma resposta que demonstrasse que ela estava em contato com os sentimentos e necessidades dele.

No entanto, se ele tivesse estudado CNV, poderia ter dito alguma coisa assim:

– Poxa, eu nunca vi um trem tão lento em toda a minha vida! Será que você poderia repetir para mim o que eu estou sentindo e necessitando?

– Eu acho que você está muito irritado e gostaria que eles gerenciassem esses trens de uma forma diferente – ela responderia.

– Sim, e mais que isso. Se não chegarmos lá a tempo, nos atrasaremos e teremos que pagar mais caro por nossos bilhetes.

– Então você está com medo e gostaria de chegar lá na hora certa de modo que não tenhamos que acabar pagando mais.

– Sim. [suspiro]

Quando estamos em uma situação de sofrimento, o simples fato de ter uma pessoa ali, em contato com isso, é muito valioso. É incrível como esse tipo de atenção pode fazer toda a diferença. Isso não resolve os nossos problemas, mas proporciona o tipo de conexão que faz com que a situação seja mais suportável. Quando não se recebe empatia – como ele não recebeu – então ambos terminam em um sofrimento maior do que quando tudo começou.

QUESTÕES SOBRE COMIDA

Outra participante (D): Marshall, posso compartilhar algo que aconteceu ontem à noite? Eu me senti mal porque meu marido não pôde estar presente na segunda noite do workshop para casais. Cheguei em casa às 23h00 e ele me telefonou às 23h05 do hotel em que estava em Button Willow, perto de Bakersfield. Contei como tinha sido a aula e o que ele havia perdido – o grupo discutiu questões relacionadas à alimentação, que eram importantes para mim porque sou comedora compulsiva. Meu marido e eu havíamos chegado a um ponto em que ele nem queria mais falar de comida comigo porque achava que eu estava me matando com os meus hábitos alimentares. Era tão doloroso para ele, que nem queria mais falar disso.

Então contei sobre a sua sugestão e o que havia acontecido no workshop e ele se abriu pela primeira vez em anos. Quando ele volta para casa depois de dar aulas, ele toma sorvete para lidar com as emoções que surgem depois de um dia ruim na escola, então conseguimos realmente oferecer empatia um ao outro, em relação ao hábito de comer como maneira de fugir da dor. Então, ontem, eu entrei em contato com... realmente entrei em contato com... Eu queria um *almond mocha*, então imaginei o chocolate, as amêndoas e a parte crocante por baixo. E então pensei: "O que é que realmente desejo?" Amor! Foi como um lampejo na minha cabeça: O que eu estou buscando é amor.

Marshall: Você queria algum tipo de conexão com ele. E como, no passado, não sabia como pedir essa conexão, satisfazia sua necessidade comendo doces.

Participante D: Sim, e foi ótimo. Era uma ligação interurbana e conversamos por uma hora. Acho que foi uma primeira abertura.

Marshall: Então por duas noites seguidas você teve uma conexão verdadeira. Agora precisamos que você fale com você mesma utilizando a CNV e que deixe de pensar que existe algo como "comedora compulsiva". Você não pode usar esse vocabulário porque não há julgamentos na CNV. Lembre-se que todo julgamento é a expressão trágica de necessidades não atendidas. A CNV é um processo. Quando dizemos alguma coisa sobre nós mesmos como: "Eu sou um_____", isso é um pensamento estático: nos colocamos em uma caixa, e isso conduz a uma profecia que se autorrealiza. Quando pensamos que nós (ou outra pessoa) "somos alguma coisa", normalmente agimos de forma a fazer com que aconteça assim. Não existe o verbo "ser" na CNV; você não pode dizer: "essa pessoa é preguiçosa", "essa pessoa é normal", "essa pessoa é correta". Vamos traduzir "comedor compulsivo" para a linguagem da CNV. Utilize aqueles quatro itens com os quais você já trabalhou esta noite.

Participante D: "Sempre que eu como em razão da minha necessidade de ser amada ou tocada..."

Marshall: Eu me sinto como?

Participante D: "Eu sinto que a comida está me preenchendo de um jeito que..."

Marshall: Eu me sinto desanimada...?

Participante D: "Eu me sinto desanimada porque as minhas necessidades não estão sendo atendidas".

Marshall: "Eu me sinto desanimada porque quero ter clareza sobre quais são as minhas necessidades verdadeiras de modo que eu possa atendê-las."

Participante D: Sim, é isso mesmo que eu gostaria.

Marshall: Então, na linguagem da CNV você diria: "Eu quero continuar a fazer o que fiz com Bill ontem por telefone. Agora, quando eu sentir essa compulsão, quero parar e perguntar a mim mesma: 'O que eu realmente necessito?'"

Viu como traduzimos o julgamento "sou uma comedora compulsiva" para "o que eu sinto, quais são as minhas necessidades não atendidas" e "o que quero fazer a respeito disso"? É assim que se utiliza a CNV consigo mesmo.

"Quando eu como porque quero outra coisa..." Essa é a primeira parte, a observação do que ela se vê fazendo. Em seguida, ela olha para seus sentimentos: "Eu me sinto desanimada". Em terceiro lugar: "Minha necessidade não atendida é saber o que realmente quero, de modo que eu tenha a possibilidade de conseguir o que desejo. E finalmente, em quarto lugar: "O que quero fazer com isso para que o meus sonhos se realizem?" Quando começo a me dar conta de que estou com vontade de comer, eu paro e me pergunto: "De que realmente preciso?" Assim, entro em contato com o que de fato necessito.

Agora ela não está mais pensando no que ela "é"; ela está mais em contato com um processo dinâmico. Talvez isso não solucione o problema, mas ela descobrirá que, ao fazer isso, não pensará no que ela é: perceberá o que ela está sentindo e querendo e pensará no que fazer a respeito. Quem pratica a CNV nunca pensa sobre si como sendo "uma pessoa de valor"; se fizer isso, passará boa parte do tempo questionando se é uma "pessoa sem valor". Um praticante de CNV não gasta tempo pensando sobre que tipo de pessoa é; ele pensa momento a momento. Não "o que eu sou?" mas "como a vida pulsa em mim neste momento?"

DESCOBRINDO O QUE QUEREMOS

Outro participante (E): Algumas vezes, acabamos fazendo tudo sozinhos e não entramos em contato com a possibilidade de que talvez seja bom ter alguém que faça por nós. Enquanto você estava falando com ela [com a Participante C] eu pensei como é bom entrar em contato com o que precisamos. Às vezes eu simplesmente não sei do que preciso e então fico desanimado.

Marshall: A maior parte das pessoas não sabe o que quer. Só depois de obter algo que acaba bagunçando a nossa vida é que percebemos que não era aquilo que queríamos. Eu acho que quero tomar um sorvete de casquinha, compro um, tomo, sinto-me péssimo e percebo que não era o que eu queria. Para um praticante de CNV, não é questão de saber o que é certo e o que é errado. É preciso ter coragem para usar a linguagem que favorece a vida e escolher aquilo que queremos – mais baseados na intuição do que no pensamento. Isso é entrar em contato com suas necessidades não atendidas e escolher o que você quer fazer a respeito delas.

Participante E: Acho que sou um grande "fazedor" de coisas.

Marshall: Você acabou de se rotular.

Participante E: O que quero dizer é que estou sempre correndo de um lado para o outro querendo me conectar com as pessoas fazendo algo para elas. Às vezes me deparo com pessoas que não esperavam aquilo de mim e a sensação é muito boa. Mas aí começo a me perguntar se outras de fato gostariam de ter recebido aquilo mas simplesmente não permitiram que eu me aproximasse.

QUANDO OS OUTROS NÃO QUEREM RECEBER

Marshall: Isso provavelmente acontece porque, ao longo de toda a vida, os outros fizeram coisas para elas, mas mandaram a conta depois. Isso é assustador e, por esse motivo, agora elas não confiam em você. Elas não percebem que existe um outro jeito de dar, que existem pessoas que dão de si – não com o objetivo de tomar conta dos outros, mas a partir do coração.

Participante E: Fico triste por não ter conseguido expressar com clareza que a minha vontade era dar de coração. Talvez eu possa dizer a essas pessoas: "me entristece que você não me dê a oportunidade de dar algo de mim para você".

Marshall: Se você ficar nisso, voltaremos à situação do homem no trem.

Participante E: E se eu acrescentar: "Você gostaria de me dizer se está disposto a me dar essa oportunidade?"

Marshall: OK, fico satisfeito por você ter introduzido essa parte. Você se sente triste porque realmente gostaria de ter a oportunidade de dar a elas de modo que recebessem aquilo que você tem de mais precioso para dar, e se sentissem confortáveis com isso.

Participante E: Sim, é isso. Realmente é simples.

ESTAMOS DISCUTINDO?

Outro participante (F): Eu me sinto frustrado quando tento falar com uma amiga minha e ela me diz que não quer discutir. Todas as vezes que eu tento expressar meus sentimentos e necessidades, ela acha que estou discutindo. Ela diz que não quer discutir na frente do filho dela (que está sempre por perto).

Marshall: Sim, essa é uma situação difícil. Se uma pessoa nos vê como alguém que está tentando discutir, então vai pensar que estamos querendo ganhar a discussão. É muito difícil convencê-la do contrário porque quem tem uma mentalidade julgadora não faz ideia de que é possível expressar sentimentos e necessidades sem que alguém esteja errado e o outro certo.

Participante F: Mas o mais difícil é que ela acha que eu estou discutindo até quando estou tentando mostrar empatia. Quando eu tento adivinhar seus sentimentos e necessidades, ela vê isso como uma "discussão".

Marshall: Isso acontece porque ela não quer ser julgada. Ela tem medo de que, caso concorde com você, ou se mostre vulnerável, você acabe com ela e diga que estava errada por ter aqueles sentimentos e necessidades.

Participante F: Bem, de acordo com ela, o motivo é que ela realmente não gosta de lidar com esse tipo de coisa porque só quer saber da parte agradável da vida, não quer saber das coisas mais pesadas.

Marshall: Sim, a vida é mesmo cheia de coisas desagradáveis, então por que lidar com elas?

Participante F: Sim, certo.

Marshall: É exatamente o que o meu pai disse no primeiro

workshop do qual participou. Pode ser uma mensagem encantadora, se você conseguir ver dessa forma. Mas assim que ele percebeu que, para as pessoas do grupo, seria um verdadeiro presente poder sentir a dor de seus pais, caso seus pais pudessem expressá-la – entender seus sentimentos e necessidades seria uma dádiva – isso foi uma revelação para ele. Desde então, meu pai tem passado por algumas mudanças radicais.

Com certeza muitas pessoas pensam que falar sobre sentimentos dolorosos é uma experiência desagradável, negativa, porque os associam a jogos de culpa, punição e muitas outras coisas. Elas não percebem que isso faz parte da dança da CNV e que pode ser bonito falar sobre tais sentimentos. Quando escrevi a primeira edição do meu livro, inseri uma lista de sentimentos positivos e sentimentos negativos. Então percebi que as pessoas acham que sentimentos negativos são negativos. Como não era isso que eu queria, na edição seguinte eu coloquei "positivos" e "negativos" entre aspas, mas isso não resolveu a questão. Agora eu escrevo "sentimentos presentes quando nossas necessidades são atendidas" e "sentimentos presentes quando nossas necessidades não são atendidas" para mostrar que ambas as categorias são valiosas porque ambas falam da vida.

Ou seja, temos bastante trabalho a fazer para convencer sua namorada disso.

Marshall (fazendo o papel da namorada): Olha, eu não quero discutir. Já existe muita coisa desagradável. Por que não podemos ter uma noite gostosa, assistir televisão e aproveitar a companhia um do outro?

Participante (candidato a praticante CNV): Então você está irritada...

Namorada: Aí vem você de novo! Sempre falando sobre sentimentos!

Participante: [silêncio] humm...

Marshall (dirigindo-se à plateia que deu risada): Então vocês gostam de ver esse danado sofrer!

Namorada: Eu não suporto quando você faz isso! [Então ela vai para outro cômodo e bate a porta]

Participante G: O mais provável é que ela despejasse um monte de palavras em cima de mim e eu fosse a nocaute. [risos]

Marshall: Nocauteado! Ok, então agora você faz o papel dela e vem com esse monte de palavras.

[Na dinâmica seguinte, o Participante G faz o papel da namorada e Marshall faz o papel do Participante F, praticante de CNV.]

Praticante de CNV: Então você realmente quer falar...

Namorada: Pare! Pare! Não vem com essa conversa para cima de mim porque eu não gosto disso.

Praticante de CNV: Eu estou me sentindo muito desanimado porque...

Namorada: Por que você não pode ser simplesmente o cara bonzinho, aquele com quem eu gosto de estar? Vamos ser legais e deixar de lado essa coisa toda!

Praticante de CNV: Então você gostaria que a nossa noite fosse leve e agradável, que a gente apenas desfrutasse da companhia um do outro?

Namorada: É isso.

Praticante de CNV: Eu também gosto dessa parte da nossa relação e acho que ela só acontece quando a gente consegue acolher tudo que surge no relacionamento. Olha, eu quero rir todo o meu riso e chorar todas as minhas lágrimas, mas se eu tiver que cortar fora a metade disso, sinto que a outra metade vai embora também. Isso é importante. Você pode me dizer o que acabou de escutar?

Namorada: Você está começando de novo com essa história de sentimentos e vai ficando deprimido. Eu não quero ouvir isso.

Praticante de CNV: Então você realmente tem medo de entrar nesses sentimentos depressivos e quer ficar fora disso.

Namorada: Sim. E além disso, como estou com o meu filho na noite de hoje, eu não quero que a gente discuta.

Praticante de CNV: Você tem medo que a gente brigue?

Namorada: Por favor, pare!

Praticante de CNV: E como é para você a gente continuar isso quando ele não estiver por perto?

Namorada: Sim, você pode vir e a gente se encontra para almoçar, se quiser.

[No almoço]

Praticante de CNV: Eu gostaria de te mostrar que os sentimentos podem ser muito positivos, independentemente de quais sejam.

Namorada: Eu não quero ouvir essa conversa... Você andou participando daqueles workshops de novo? [risos] Eu quero estar focada nas coisas positivas da vida. Eu não quero despertar sentimentos difíceis. Só quero desfrutar das coisas boas.

Praticante de CNV: Você realmente quer aproveitar a vida e não se enfiar num buraco e ficar presa lá falando de coisas negativas.

Namorada: Sim, eu não quero essas coisas na minha vida. Você viu o que aconteceu com a Emily hoje? Ela foi buscar o filho e não o encontrava em lugar nenhum. No começo, ela pensou que ele tivesse ido para casa com o vizinho deles, os Vellas, mas aí ela foi falar com um dos garotos e ele disse que tinha visto o filho dela saindo da escola na hora do almoço com um homem, um cara que ele nunca tinha visto. Nossa! você pode imaginar como a Emily ficou, especialmente depois daquilo que aconteceu com o filho da irmã dela há dois anos? Você lembra? Acho que eu te contei sobre aquela vez que a irmã dela foi fazer uma visita e...

Praticante de CNV: Me desculpe por interromper. Você está dizendo que é uma experiência assustadora escutar que coisas como essas acontecem?

Comentários de Marshall: Vocês viram o que eu fiz? A namorada estava usando mais palavras do que eu estava disposto a escutar e a minha energia começou a cair. Então eu a interrompi usando o estilo da CNV para me conectar com os sentimentos que estavam por trás das palavras dela naquele momento. Não estou tentando deixar a outra pessoa sem chão mas sim trazer a vida de volta para a conversa. Como disse antes, meu palpite é que, se eu estou entediado, a outra pessoa está também; então agir assim é fazer um favor para ela e para mim também.

Praticante de CNV: Você está me dizendo que foi uma experiência muito assustadora para você?

Namorada: Sim, ele poderia ter corrido para a rua e...

Praticante de CNV: Realmente assusta você a percepção de que todos nós estamos sujeitos a ter nossa vida roubada a qualquer momento.

Namorada: Não vem com essa conversa para cima de mim outra vez. Ele simplesmente estava lá fora na rua e a mãe veio atrás dele...

Praticante de CNV: Desculpa, desculpa por interromper. Eu estou realmente impaciente porque não estou conseguindo obter com a nossa conversa a conexão que eu gostaria.

Namorada: Ok, mas eu preciso ir embora de qualquer forma. Eu preciso sair para buscar o meu filho. As aulas já vão terminar e...

Praticante de CNV: Eu gostaria que você me dissesse se tem algum interesse em continuar o nosso relacionamento.

Namorada: Claro. Você sabe que eu realmente te amo e quero estar com você.

Praticante de CNV: Na verdade não sei como continuar essa relação, porque há certas coisas de que eu preciso e que não estou recebendo, como por exemplo a possibilidade de falar sobre certos sentimentos. Se isso é diferente daquilo que você espera de um relacionamento, eu gostaria que ficasse claro para podermos terminar de um modo não violento.

Namorada (repentinamente falando a língua da CNV): Então você está muito frustrado porque quer expressar seus sentimentos e necessidades?

Praticante de CNV: É o que eu quero, mas não sei quais são as suas necessidades em um relacionamento pessoal.

Marshall: Há pessoas que querem manter as coisas nesse nível, e elas têm o direito de encontrar alguém que queira ficar nesse mesmo nível com elas. Mas nunca encontrei alguém que realmente gostasse disso. Com frequência, as pessoas têm a ideia equivocada de que eu quero que elas revivam experiências doloridas do passado. Em geral consigo mostrar a elas a diferença entre o que elas acham que eu estou dizendo e o que eu de fato estou falando. Com essa namorada em particular, eu precisaria ser muito inteligente para que ela percebesse isso porque ela não estava me dando muito espaço.

OUVINDO UM NÃO

Outro participante (H): Eu sei que a CNV tem a ver com descobrir quais são minhas necessidades e fazer pedidos para chegar ao que quero, mas isso não funciona com o meu namorado. Se eu começo a pedir o que eu quero, ele fica muito bravo e se sente ofendido. Aí eu me conformo em pedir para ele agir de forma adequada ou chego a pensar que teria sido melhor não ter falado nada.

Marshall: É incrível como as pessoas se transformam em feras assim que ouvem uma certa palavra. Elas ficam furiosas consigo e ficam furiosas com quem a pronunciou. Trata-se de uma palavra muito pequena, são apenas três letras. Alguém pode adivinhar que palavra é essa?

Muitos participantes: "Não!"

Marshall: Pois é. É incrível como as pessoas ficam aterrorizadas com essa palavra, tanto que têm medo de pedir aquilo que querem porque pensam "o que vai acontecer se a outra pessoa me disser não?" Costumo dizer que não é a palavra "não" que as incomoda, mas sempre retrucam: "É sim! Eu tenho tanto medo dessa palavra". O problema não é o "não" mas a história que contamos para nós mesmos quando escutamos esse "não". Se dissermos a nós mesmos que isso significa rejeição, é um problema, porque rejeição machuca. Rejeição, que horror! Claro que se estivermos com as orelhas da CNV, nunca ouviremos um "não". Teremos consciência de que "não" é apenas uma expressão imprecisa daquilo que a pessoa realmente quer. Nós não ouviremos a negação; ouviremos o que a pessoa quer. É preciso um pouco de prática.

Marshall (dirigindo-se à Participante H): Então como é que esse seu namorado fala "não" para você?

Participante H: Bem, eu pedi alguma coisa e ele respondeu "NÃO!" Então eu disse...

Marshall: Com esse tipo de energia, já sabemos qual é o problema. O que foi que ele escutou, pessoal?

Participantes: Uma exigência.

Marshall: Ele escutou uma exigência. Sempre que as pessoas falam um "não" como esse, estão morrendo de medo de que alguém retire delas sua autonomia. Estão com medo de que, se realmente escutarem o que a outra pessoa quer, serão sugadas para dentro de uma trama e terão de fazer o que foi dito, querendo ou não. Portanto, quando uma pessoa fala um "não" como esse, sabemos que ela não escutou nosso pedido. Não tem nada a ver com a gente; obviamente não é uma rejeição porque eles sequer chegaram a ouvir o pedido – ouviram uma exigência.

Participante H: Então, quando estávamos nesse ponto, eu tentei adivinhar o que ele estava sentindo, e ele veio com essa: "Eu só quero que você entenda, que capte o que estou dizendo. Eu não quero jogar esse jogo e não tenho que fazer isso. Só quero que você aceite o fato de que a resposta é não".

Marshall (fazendo o papel do namorado): "Apenas perceba como eu fico com medo de perder a minha autonomia."

É tão precioso fazermos as coisas quando escolhemos fazê-las – e não porque alguém que a gente ama precisa que isso seja feito ou porque poderá ter um ataque de nervos se não o fizermos, ou porque vai ficar falando disso no nosso ouvido até conseguir o que quer. As pessoas têm muito medo de gastar sua vida tendo que fazer coisas que não vêm do coração. Por isso, são muito reativas. Ele diz: "Simplesmente aceite! Compreenda! Não quero fazer isso hoje. Preciso proteger a minha autonomia".

Pelo tom de voz do seu namorado, quando ele diz "eu só quero que você entenda", é possível perceber que ele sofre de um estado de ânimo sombrio típico de quem está cansado de ser dependente mas ainda não tem autonomia. Então o que foi que você disse para ele na sequência?

Participante H: Eu... eu simplesmente virei de lado e fui dormir. [risos] Bem, na verdade eu me exasperei e gritei "Não, não, não!" Eu fiquei brava, realmente furiosa e disse: "Estou muito aborrecida". E ele então disse: "Ah bom, você está viva". [risos] E depois ficou quieto.

Marshall: Você sabe que ele na verdade estava com medo. Ele não se sente capaz de se proteger de você. Você estava muito tensa. O que ele consegue fazer é se retirar para, assim, se proteger de você.

Participante H: O que eu posso fazer nesse caso? Apenas ficar na minha, não falar nada, e dar empatia a mim mesma?

Marshall: O mais importante, claro, é você não pensar que isso tudo tem alguma coisa a ver com você.

Participante H: Sim, estou bem com isso.

Marshall: Isso é o melhor que sei fazer em uma situação em que alguém diz "não" para as minhas necessidades: ter certeza que não há nada errado com as minhas necessidades. É preciso trabalhar com muita rapidez porque, nesse nível de intensidade e dor, eu poderia cometer um erro e pensar que talvez haja algo errado com as minhas necessidades, já que elas assustam tanto a outra pessoa.

Participante H: Bem, eu teria gostado de escutar o que ele queria.

Marshall: Ele está completamente ocupado protegendo a autonomia dele: é isso o que ele quer. Ele precisa de espaço para se sentir seguro no relacionamento; saber que não será arrastado para alguma situação antes de estar pronto.

Participante H: Então eu posso ser empática comigo mesma silenciosamente. Ficando calada.

Marshall: Sim. Apenas preste atenção porque se ele for como a maioria dos homens – e se a minha mulher estiver certa – ele vai precisar de umas três encarnações para superar isso. [risos] Então, enquanto ele lida com essa questão, saia com algumas amigas e não se atormente muito. Um dia minha mulher me disse a melhor frase curta que já ouvi: "Você consegue ler exigências até em uma pedra". [risos] E eu respondi: "Me declaro culpado da acusação".

VOCÊ QUER OUVIR ISSO?

Participante G novamente: Quando ele está naquele estado de ânimo sombrio típico de quem está "cansado de ser dependente mas ainda não tem autonomia", eu realmente fico desesperada porque quero que ele saiba que eu, na verdade, não posso obrigá-lo a fazer nada, e que, portanto, ele não precisaria se preocupar com isso. Se ele pudesse simplesmente acreditar nisso, nós conseguiríamos nos divertir muito mais. Você entende qual é a minha dor?

Marshall: Para ele é assustador estar em um relacionamento íntimo. Então, talvez apenas quando ele sentir que você pode ter empatia em relação a isso – algo que pode levar bastante tempo –

quem sabe ele comece a entender como é frustrante para você não poder expressar as suas necessidades sem que ele as interprete como exigências.

Participante G: Será que existe alguma maneira de dizer a ele o quanto eu quero que ele entenda que eu não posso obrigá-lo a fazer nada?

Marshall: Você pode tentar. Uma pessoa assim escutará qualquer coisa como uma exigência, até mesmo – ou especialmente – o seu silêncio. Portanto, você pode até gritar à vontade, se isso te diverte. Se você mantiver as suas necessidades escondidas dentro de você, isso pesará sobre ele como uma carga muito pesada. Se você gritar o que tem a dizer alguns milhares de vezes talvez o faça entender.

Participante G: Eu estava preocupada em fazer o meu trabalho interior por minha conta sem dizer nada a ele porque ele pode pensar que eu estou evitando o assunto ao não falar sobre isso.

Marshall: Sim. Como é doloroso não conseguirmos expressar as nossas necessidades. Não há nada de errado em gritar: "Eu gostaria que você me dissesse o que devo fazer ou dizer para que você acredite que eu nunca vou querer que você entre numa situação que é dolorosa para você", ao mesmo tempo em que enfatiza como ele deve estar amedrontado por ter crescido em uma família em que sempre lhe diziam que estava errado. Ele passou por todos os tipos de jogos de poder e por isso precisa de muito tempo e paciência para ganhar confiança. Não acho que isso vai acontecer simplesmente pelo fato de você dizer a ele que nunca o forçará a fazer coisa alguma. Ele precisa de muita empatia devido ao medo decorrente de suas experiências anteriores.

EXPRESSANDO SENTIMENTOS E NECESSIDADES

Marshall: Quem tem mais um caso?

Participante H: É uma ligação telefônica. Ele me disse: "Oi, eu não vou conseguir te encontrar hoje. Tenho que buscar minha filha na escola às 13h30. Quero passar um tempo de qualidade com você e vou ficar nervoso se estivermos com minha filha".

Marshall: E então o que você falou?

Participante H: Eu consegui identificar meus sentimentos. "Sinto uma dor no coração." Foi isso o que eu disse.

Marshall: "Sinto uma dor no coração."

Participante H: Sim, mas não consegui identificar minhas necessidades.

Marshall: Você não pôde dizer quais eram as suas necessidades e naquele momento a sua manifestação foi um pouco julgadora. Aquela pessoa precisava de empatia e a primeira coisa que ela escutou foi "dor no coração". Então temos uma boa briga prestes a começar aqui.

Participante H: Quando disse que tinha dor em meu coração ele me perguntou: "Por quê?"

Marshall: Já perguntei a várias pessoas em inúmeros países: "Qual é a coisa mais difícil de ouvir sem se sentir inseguro?" Perguntas que começam com "por que" estão no topo da lista. Se você realmente deseja amedrontar alguém, faça uma pergunta que começa com "por que".

Participante H: Eu não disse nada. Então ele fez uma lista de um monte de outros motivos pelos quais não poderia vir.

Marshall: Isso foi suicídio. Ele não percebe que quando se tenta explicar e justificar pode parecer um ataque à outra pessoa. Então o que aconteceu?

Participante H: Eu disse: "Sinto uma dor no coração e preciso pensar a respeito". E depois pensei: "Vou ligar para algum dos meus amigos da CNV".

Marshall: Ah... essa é uma boa coisa a se fazer. Ok, então se estou entendendo, você realmente queria estar com ele.

Participante H: Sim.

Marshall: E as necessidades dele estavam em conflito com as suas. Ele dizia: "Eu tenho outras necessidades agora que não são atender às suas necessidades".

Participante H: Certo, e logicamente eu consegui entender isso, mas no meu coração...

Marshall: Na sua cabeça você entendeu, mas você sentia dor no coração por que tinha escutado o que?

Participante H: Eu escutei: "Ele não quer estar comigo".

Marshall: Sim, você ouviu uma rejeição. Esse é um bom caminho para estragar a sua vida. Quando as necessidades de alguém estão em conflito com as nossas e esse alguém diz "Eu gostaria de fazer uma outra coisa agora que não seja atender às suas necessidades", você escuta como se ele estivesse dizendo: "Eu não quero estar com você". Você tem um linguajar melhor, então você fala "dor no coração". Preciso confessar que eu mesmo sou conhecido por usar orelhas julgadoras ao escutar um "não". É muito difícil usar as orelhas da CNV quando você escuta um "não".

Bem, de qualquer forma, vamos aprender a colocar as orelhas da CNV em situações assim porque isso pode nos poupar muito sofrimento. Se interpretamos como rejeição o fato de o outro ter necessidades diferentes das nossas, logo seremos rejeitados. Quem é que quer estar com alguém que enxerga uma rejeição sempre que a necessidade dela é diferente da minha? Em pouco tempo isso fica muito pesado. Então, a menos que coloquemos nossas orelhas de CNV, acabaremos afugentando a outra pessoa. Eu sei que isso nem sempre é fácil, mas quando aprendemos a usar as orelhas da CNV... [Marshall coloca um par de orelhas de pelúcia e todos sorriem. Ele reage ao auditório dizendo] Eu me sinto muito magoado. [mais risos]

Participante: Então suas orelhas não estão funcionando.

Marshall: Ai! [muitos risos] Sim, essas orelhas certamente estão com defeito. Preciso pegar outro par.

Vejam, no momento em que eu coloco essas orelhas, um milagre acontece: a rejeição desaparece da face da Terra. Nunca escuto um "não". Jamais escuto "eu não quero". Julgamentos e críticas somem deste planeta. Então, tudo o que escuto é a verdade, que, para uma pessoa que fala a linguagem da CNV é essa: tudo o que as pessoas expressam, em qualquer situação, são seus sentimentos e necessidades. As únicas coisas que as pessoas dizem, não importa a forma dessa expressão, é como elas estão e do que precisam para tornar a vida ainda melhor. Quando uma pessoa diz "não", isso é apenas um jeito muito rasteiro de nos informar o que ela realmente quer. E não precisamos piorar as coisas escutando uma manifestação de rejeição: é hora de escutar o que ela de fato quer.

Alguns de vocês já me ouviram contar a história da mulher que falou para o marido: "Eu não quero que você passe tanto tempo no trabalho". E aí ela ficou furiosa quando ele se inscreveu em um torneio de golfe. [risos] Ela tinha dito a ele o que ela não queria, e ele não estava usando as orelhas da CNV. Ele não sabia como escutar o que ela efetivamente queria. Claro que tudo teria sido mais fácil se ela dissesse o que queria. Mas se ele estivesse usando as orelhas da CNV, quando ela disse "Eu não quero que você passe tanto tempo no trabalho", ele teria respondido:

— Ah, então você está preocupada com o meu bem-estar e gostaria que eu tivesse mais tempo de lazer?

— De jeito nenhum. Nos últimos seis meses, você esteve comigo e com as crianças apenas duas noites – diria a esposa.

— Ah, então você está insatisfeita com a quantidade de tempo que passamos juntos e gostaria que eu ficasse ao menos uma noite por semana com você e as crianças?

— Exatamente.

Vejam, com as orelhas da CNV, nunca escutamos o que a pessoa não quer. Nós a ajudamos a ter clareza sobre o que ela quer. Ser claro apenas sobre aquilo que não queremos é uma coisa perigosa que gera todo tipo de confusão.

Quando somos claros acerca do que de fato queremos da outra pessoa, especialmente quando esclarecemos a motivação que gostaríamos que a pessoa tivesse para fazer aquilo, então fica evidente para nós que jamais conseguiremos ter as nossas necessidades atendidas através de qualquer tipo de ameaça ou medida punitiva. Quer sejamos pais, professores, ou qualquer outra coisa, nunca conseguiremos atender nossas necessidades por intermédio da punição. Quem tem um mínimo de consciência, não vai querer que alguém faça alguma coisa motivado por medo, culpa, ou vergonha. Conhecemos o suficiente da CNV para compreender as consequências disso no futuro, para perceber que sempre que alguém faz alguma coisa motivado por medo, culpa ou vergonha, todos perdem. Portanto, precisamos colocar nossas orelhas de CNV para que possamos oferecer a essa pessoa alguma empatia. Vamos tentar novamente.

Marshall como companheiro: Tenho um verdadeiro conflito. Quero muito estar com você quando eu puder estar inteiro e dar a você a minha atenção completa, mas hoje a minha atenção está dividida por causa da minha filha.

Participante H (dirigindo-se a Marshall): Você quer que eu faça o papel de praticante de CNV?

Marshall: Sim, coloque as orelhas. [Entrega para a participante um par de orelhas, que ela coloca]

Participante H (como ela mesma): Eu estou muito frustrada.

Marshall: Não, não. Esse pobre coitado precisa de empatia.

Participante H (como ela mesma): Então você gostaria de ter comigo um tempo de qualidade, quando você possa estar presente por inteiro, sem distração, mas hoje você precisa atender sua filha porque ela vai sair mais cedo da escola.

Marshall como companheiro: Sim, muito obrigado pela empatia, porque você vê, eu realmente tenho medo de que se eu não atender às necessidades da pessoa de quem gosto ela vai interpretar isso como uma rejeição, e então serei rejeitado e abandonado. Por isso é assustador para mim dizer a você que as minhas necessidades estão em conflito com as suas. Eu tive experiências muito difíceis semelhantes a essa no passado. Quando eu não fazia o que as pessoas queriam, eu não recebia o amor de que precisava. Então, para mim, é muito difícil dizer que as minhas necessidades estão em conflito com as suas. Eu tinha medo que você escutasse isso como "eu não quero estar com você".

Participante H (como ela mesma): Você quer mais empatia.

Marshall como companheiro: Sim, eu quero mais empatia.

Participante H (como ela mesma): Eu acho que você ficou com medo de não poder estar comigo hoje porque estava sentindo necessidade de cuidar da sua filha e você tem medo de que, me dizendo isso, eu possa achar que você não quer estar comigo. Você teve algumas experiências passadas nas quais você quis atender às necessidades de uma pessoa importante para você mas quando você tinha um conflito ou não conseguia fazer isso, a pessoa entendia que você não queria estar com ela. E quando ela se sentia rejeitada, ela o punia e você sentia culpa e vergonha. Ela julgava você e isso o fazia se sentir ainda mais culpado e amedrontado.

Marshall como companheiro: Sim, sim... Como é bom receber tanta empatia. Vou deixar pra lá o compromisso com a minha filha e estou indo aí. [risos e aplausos] Agora conseguirei te ouvir quando você me falar sobre a dor que está sentindo, porque eu fui ouvido com empatia primeiro.

Participante H (como ela mesma): Fico imaginando se você gostaria de ouvir como estou me sentindo sobre isso.

Marshall como companheiro: Sim, gostaria de saber como você está se sentindo.

Participante H (como ela mesma): Eu estou me sentindo muito frustrada.

Marshall como companheiro: Oh, me desculpe. Eu não queria frustrar você.

Marshall: Agora, prestem atenção. Ele aprendeu a ter essas tendências suicidas de se responsabilizar pelos sentimentos dos outros. Assim que ela disse que estava frustrada, ele entrou em estado de alerta. Sem a CNV, quando as pessoas percebem que alguém está sofrendo, pensam imediatamente que cometeram algum erro e agora precisam fazer alguma coisa a respeito. Então, ele está fazendo a primeira coisa que as pessoas que não têm familiaridade com a CNV fazem: pedir desculpas. Você sabe que há um julgamento a caminho quando ouve as palavras "me desculpe". Então ele repetirá uma série de justificativas que você não quer ouvir sobre como é importante para ele estar com a filha hoje, deixando você no seu sofrimento, sem receber nenhuma empatia.

Marshall como companheiro: Eu sinto muito. Eu não queria desapontar você, mas hoje é o único dia que... blá-blá-blá... desculpas, desculpas, justificativas, etc. Arre! [risos]

Participante H: Agora é hora de demonstrar empatia?

Marshall: Não. Grite em linguagem de CNV! Você já demonstrou empatia. Agora é hora de receber.

Participante H (como ela mesma): Ok. Bem, eu tenho necessidade de compartilhar meus sentimentos com você agora.

Marshall como companheiro: Sim, é importante que você faça isso.

Participante H (como ela mesma): O que eu gostaria de fazer agora é dizer a você como estou me sentindo e quando eu terminar, gostaria que você repetisse para mim o que eu disse.

Marshall como companheiro: Ah, sim, tenho um péssimo hábito. Não escuto muito bem. Na verdade, nunca consegui escutar muito bem. Minha mãe também não sabia fazer isso. E, ah, você sabe... [risos]

Participante H (como ela mesma): Eu ouço que você está sofrendo com essa questão.

Marshall: Não, não demonstre agora tanta empatia por ele. Apenas grite em CNV.

Participante H (como ela mesma): Tenho necessidade de compartilhar os meus sentimentos e as minhas necessidades com você e realmente quero que você escute o que tenho para dizer. E depois você vai me contar o que eu disse, ok?

Marshall como companheiro: OK [Marshall faz gestos e caretas... O auditório ri enquanto a participante H continua]

Participante H: Você já tinha conversado com ele antes? [mais risos]

Marshall: E eu até captei as expressões dele!

Participante H (como ela mesma): Eu me sinto realmente frustrada quando escuto que você não vai poder passar o dia comigo.

Marshall como companheiro: Sim, mas...

Marshall (fazendo o papel de um instrutor de CNV, dirige-se ao companheiro): Silêncio; apenas a escute.

Marshall como ele mesmo, falando para o grupo: Às vezes você precisa ter um instrutor de CNV para ajudar nas emergências.

Participante H (como ela mesma): Eu estava com muita expectativa e ansiosa por passar o dia com você porque gosto muito da sua companhia e estava precisando te ver.

[A seguir Marshall representa um diálogo entre o fantoche julgador (o companheiro) e o fantoche CNV (instrutor)]

Instrutor de CNV: Você pode repetir para ela o que ela acabou de dizer?

Companheiro: Sim, eu entendo como ela se sente.

Instrutor de CNV: Você pode dizer como ela se sente?

Companheiro: Não, ela está certa. Ela tem todo o direito de

se sentir assim. Foi péssimo o que eu fiz. Eu não deveria nunca ter prometido alguma coisa sabendo que talvez não pudesse cumprir. Foi realmente péssimo. Eu me sinto muito culpado.

Instrutor de CNV: Você percebe que quando você escuta o que ela disse como sendo um julgamento sobre você, isso é mais uma agressão contra ela?

Companheiro: O que?

Instrutor de CNV: Quando você escuta o que a outra pessoa diz como sendo um julgamento em relação a você, isso é mais uma agressão contra ela. Além de ela não estar sendo compreendida como gostaria, fica com a sensação de que a sinceridade dela criou um problema para você. Vai ser muito mais difícil para ela ser sincera no futuro se, quando ela diz como está se sentido, você acha que fez alguma coisa errada.

Companheiro: Mas eu não estou usando as orelhas da CNV. Eu só consigo escutar que eu fiz alguma coisa errada.

Instrutor de CNV: Você quer as orelhas da CNV?

Parceiro: Sim! [risos, enquanto Marshall coloca as orelhas da CNV no fantoche julgador]

Companheiro: Então você está se sentido frustrada porque eu...

Instrutor de CNV: Não, você não colocou as orelhas direito. Não, ela não está frustrada por causa disso ou daquilo. Pare de se sentir responsável pelos sentimentos dela. Apenas escute o que está acontecendo com ela.

Marshall como companheiro CNV: Então você está frustrada porque você estava com muitas expectativas e realmente queria estar comigo.

Participante H (como ela mesma): Sim!

Companheiro (com novas orelhas CNV): Isso era alguma coisa pela qual você estava realmente esperando.

Participante H (como ela mesma): Sim. Realmente é bom ouvir

você falando isso!

Companheiro: Realmente é bom quando você recebe empatia.

Participante H (como ela mesma): Sim, é muito bom.

Companheiro: E você não quer que eu me sinta como um verme?

Participante H (como ela mesma): Não, eu não quero que você se sinta como um verme.

Companheiro: Você apenas precisava receber empatia.

Participante H (como ela mesma): Sim!

Companheiro: E isso é tudo o que eu preciso fazer?

Participante H (como ela mesma): [com uma nova suavidade em sua voz] Sim, e eu me sinto realmente muito grata por você ter escutado assim.

Companheiro: É incrível. Eu sempre pensei que tinha que fazer tudo o que as outras pessoas queriam para ser amado. A ideia de que as pessoas apenas querem a minha empatia e minha sinceridade... isso é mesmo incrível! Muito obrigada por ficar comigo. Eu vou tentar usar essas orelhas o tempo todo.

Participante H: Vou gostar muito disso!

Marshall: A primeira coisa a fazer quando começamos a ficar bravos ou na defensiva é reconhecer que não escutamos a outra pessoa. O que pode nos tirar dessa briga é a nossa consciência. Se escutamos alguma coisa que não seja uma dádiva naquilo que a outra pessoa fala, isso significa que não a escutamos. Você tem que perceber quando as suas orelhas de CNV caírem. A raiva é uma chave maravilhosa. É como um despertador para o praticante da CNV. Assim que eu fico bravo ou entro na defensiva, ou penso que é um ataque ou uma exigência, sei que não escutei a outra pessoa. Ao invés de me conectar com o que está acontecendo com ela, estou dentro da minha cabeça, julgando que ela está errada de alguma forma. Se estou usando a CNV, consigo calar a mim mesmo o mais rapidamente possível, colocar as minhas orelhas de CNV e me escutar. Eu já me machuquei usando orelhas julgadoras.

Como trocar de orelhas? Preciso escutar a mim mesmo. Ser empático comigo. Ver quanta dor eu já infligi a mim mesmo por usar orelhas julgadoras e escutar desse modo. Quando eu percebo que isso está acontecendo, fico quieto e assisto ao show que se passa dentro da minha cabeça. É como estar num cinema. [risos]

RECONFORTANDO

Participante I: Eu gostaria de saber a diferença entre empatizar com alguém dizendo "Parece que você está assustado e precisa de conforto" e efetivamente reconfortá-lo. O que acontece se a pessoa disser "sim, eu realmente preciso de conforto"?

Marshall: Se a pessoa diz que ela quer conforto e eu posso dar isso a ela de boa vontade, não há problema algum. O problema é dar conforto quando o que ela quer é empatia. Por exemplo, uma vez a minha filha mais velha estava se olhando no espelho e disse: "Eu sou feia como um porco". E eu disse: "Você é a criatura mais maravilhosa que Deus já colocou na face da Terra". Ela gritou: "Pai!", e saiu batendo a porta. Eu emiti um julgamento. Ela queria empatia. Mas para atender às minhas próprias necessidades eu tentei consertar a situação. E o que acabei fazendo? Fui atrás dela no outro quarto, depois de fazer um pouco de autocrítica: "Você prega sobre isso todos os dias do ano, mas quando a situação acontece, você esquece. Esqueceu o conselho de Buda – 'não conserte as coisas, apenas esteja lá'". Depois de me lembrar disso, fui até ela e falei:

– Eu acho que o que você precisava ouvir é que eu entendo que você está frustrada com a sua aparência – e não precisava de palavras de conforto.

– É isso mesmo – disse minha filha. – Você sempre tenta consertar tudo. [risos]

– Eu me declaro culpado.

FALANDO SOBRE CERTAS COISAS EM PÚBLICO

Outra participante (I): Algumas vezes acho que fico tomando conta dos sentimentos do meu companheiro. No passado, em algumas oportunidades, eu disse coisas que ele considerava privadas ou particulares para um outro casal ou para um grupo. Desde então tem ficado evidente para mim a diferença entre os meus assuntos e os dele, mas às vezes é difícil separar o que eu posso e o que não posso dizer. Então estou pensando se, quando estamos num grupo, seria apropriado e não um sinal de codependência perguntar a ele: "Tudo bem se eu falar sobre isso"? Algumas vezes, quando pergunto e ele diz "não!", ou diz que eu não deveria ter perguntado aquilo, fico brava e me sinto censurada. Você entende a minha pergunta?

Marshall: Acho que sim. Vamos ver. Você está dizendo que algumas vezes não está claro para você se o seu companheiro está confortável ou não com as coisas que você diz para as outras pessoas.

Participante I: Sim.

Marshall: Você colocou a sua pergunta de uma forma que não é própria da CNV e que vai em uma direção perigosa. O que eu fiz foi colocar isso em ordem e traduzir para a CNV. No livro *Revolution in Psychiatry*, Ernst Becker, um antropólogo, sugere que a depressão decorre de alternativas bloqueadas no âmbito cognitivo. Ele explica isso formulando questões como as que você trouxe no início. Nós enchemos a nossa cabeça com perguntas sem resposta. "Isso está OK?" "É apropriado?" Essas perguntas normalmente não podem ser respondidas e acabamos ficando com a cabeça zonza. Você percebeu que eu traduzi aquelas perguntas. Você está dizendo que às vezes o seu companheiro fica desconfortável com algumas coisas que você diz. Isso não significa que isso não esteja certo para você. Não significa que não é apropriado. Quer dizer apenas que ele não gosta disso. Você está somente querendo saber de seu companheiro: "não está claro para mim que coisas são essas. Você pode me dar um exemplo das coisas que você gostaria e das que não gostaria que eu dissesse?"

Marshall como companheiro: Bem, obviamente, eu não quero que você fale coisas que não são apropriadas para outras pessoas. [risos]

Marshall: É preciso deixar bem clara a diferença entre escravidão emocional, grosseria e libertação. A escravidão emocional está tão distante da CNV quanto se possa imaginar. Acontece quando uma pessoa acha que ela precisa fazer tudo o que os outros pensam que é apropriado, certo, normal. Ela passa a vida pensando que precisa agradar os outros e adivinhar o que eles consideram apropriado. Este é um fardo muito pesado. Por exemplo, alguém chega em casa aborrecido com alguma coisa. Não faz diferença o que seja.

Marshall como companheiro: Eu estou aborrecido com tudo.

Marshall como uma pessoa julgadora: Oh, venha cá, tome esta canja de galinha.

Estão vendo? Não importa o que está acontecendo. Assim que uma pessoa demonstra estar em sofrimento, a outra imagina que precisa resolver o problema e tomar conta dela. Então essa outra vai a um workshop de CNV onde talvez não tenha ficado muito claro esse conceito sobre "nós não somos responsáveis pelos sentimentos dos outros"; onde eu não expliquei bem qual é a nossa responsabilidade. Então ela vai para casa depois do workshop e, quando o companheiro diz "Eu ainda estou aborrecido com x", ela responde: "Bem, isso é problema seu, eu não sou responsável por seus sentimentos". [risos]

– Onde você aprendeu isso? – dirá o companheiro.

– Em um workshop de CNV.

– Eu vou matar esses caras da CNV!

O conceito da CNV é o seguinte: Não, nós não somos responsáveis pelos sentimentos das outras pessoas, mas temos consciência de que não devemos ficar nos rebelando contra elas, dizendo coisas como "eu não sou responsável por seus sentimentos". Podemos simplesmente escutar o que a outra pessoa está sentindo sem perder o nosso próprio centro. Podemos escutar o que ela quer e demonstrar empatia, mas não temos que fazer o que elas querem.

É preciso deixar claro que precisamos ter empatia e não precisamos que a outra pessoa desista ou se resigne. Escutar e respeitar o que a outra pessoa precisa não significa que você tenha que fazer o que ela quer. Isso responde à sua questão ou será que me distanciei muito do tema? Você precisa ser muito clara sobre o que você precisa. Sem a CNV nós dizemos: "será que eu posso?", "isso está ok?" Praticantes de CNV nunca querem a aprovação da outra pessoa. Praticantes de CNV nunca esperam a aprovação alheia, nunca delegam tal poder e nunca permitem que a outra pessoa lhes diga o que fazer.

Isto é o que falamos na CNV: "Aqui está o que eu quero. Quero saber qual é a sua posição em relação a isso. Quero saber quais são as suas necessidades, assim como quero saber as minhas, e não porque quando eu escutar o que você precisa eu vá desistir do que eu quero. Estou consciente que eu não posso obter um benefício às suas custas. As suas necessidades são tão importantes para mim quanto as minhas próprias. E, evidentemente, para mim isso não significa que eu tenha que abrir mão das minhas.

EU ME PERCO DE MIM QUANDO ESTOU COM VOCÊ

Outro participante (K): Você está pronto para mais uma, Marshall? Ela me disse: "Eu não consigo ficar num relacionamento duradouro. Eu me perco de mim quando estou envolvida com você. Eu não tenho suficiente maturidade emocional. Vejo agora que tive um comportamento anormal para mim mesma quando me envolvi com você e concordei com o seu desejo de manter uma relação séria. Alguma coisa estava errada comigo que me levou a pensar que eu poderia me apaixonar tão rápido". Eu respondi: "Mesmo assim, ainda gostaria de ser seu amigo". E ela respondeu: "Não sei o que dizer".

Marshall: Sim, sim. Essa pessoa aprendeu conceitos de amor contrários à CNV, tais como: "Se você realmente ama alguém, você nega suas próprias necessidades e cuida do outro". No momento em que pessoas assim entram em um relacionamento íntimo, em um relacionamento amoroso, elas se tornam julgadoras. Até então, eram adoráveis, maravilhosas. Estas são os juízes mais perigosos porque realmente são juízes, mas usam um disfarce de CNV. [risos] Veja, no começo do relacionamento realmente fazem as coisas de coração, gostam de fazer; é fácil; e não pensam sobre isso até ultrapassarem um certo limite.

E qual é o limite? O limite surge quando as pessoas ficam com medo de ter assumido um compromisso. Se você realmente quer que morram de medo, fale de compromisso ou use a palavra "sério". Assim que elas pensarem que é um "relacionamento sério", ou assim que a palavra "amor" aparecer, você será fuzilado. No momento em que elas definirem a relação como séria, vão achar que são responsáveis por seus sentimentos. Aí pensarão que para demonstrar amor precisarão negar a si próprias e fazer tudo por você.

Todo esse contexto é o que está por trás daquela afirmação "Eu me perco de mim quando estou em um relacionamento com você e não suporto isso. Vejo o seu sofrimento e fico perdida, preciso me livrar disso tudo". Pelo menos, quem fala assim está se responsabilizando por alguma coisa. Em um nível mais primitivo, jogaria toda a culpa em você: "Você é muito dependente, você é muito carente". Isso é insano. Pessoas assim não estão conscientes de suas próprias dinâmicas internas.

Marshall como a namorada: Eu realmente estou assustada por estar neste tipo de relacionamento porque acabo me fechando. No momento em que percebo que você tem alguma necessidade ou está sofrendo, simplesmente não consigo falar para você da minha própria dor e me sinto em uma prisão. Sinto que estou sendo sufocada e que preciso sair desse relacionamento o mais rápido possível.

Como praticante de CNV, preciso trabalhar muito internamente diante do que você falou, mas não acho que exista alguma coisa errada com as minhas necessidades ou com o meu amor. Se achasse isso, o que está ruim ficaria ainda mais triste. Não tenho que me arrepender por meus bons sentimentos. Preciso escutar verdadeiramente o que você está dizendo.

Entendi que você está em pânico. É muito difícil para você continuar numa relação de profundo carinho e amor como a que nós tivemos sem transformar isso em uma pesada responsabilidade, dever e obrigação, em uma ameaça à sua liberdade ou na sensação de que você tem que tomar conta de mim.

Namorada: Exatamente. É como uma prisão. Eu mal consigo respirar.

Praticante de CNV: Assim que você entra em contato com a minha dor ou com os meus sentimentos é como se sua vida acabasse.

Namorada: Sim! [suspiros]

Praticante de CNV: Estou feliz que você tenha me falado estas coisas. Você se sentiria mais segura se nós nos definíssemos como amigos e não como namorados?

Namorada: Eu faço isso com meus amigos, com qualquer pessoa com quem eu me importo. Eu até fiz isso, uma vez, com meu cachorro. [risos]

Praticante de CNV: Meu Deus, estou em um tremendo dilema agora. Gostaria de poder expressar minha dor em relação a isso, mas tenho medo de que, se o fizer, você vá pirar.

Namorada: Sim, eu vou pirar mesmo. Assim que você demonstrar algum sofrimento, vou pensar que fiz alguma coisa errada e que preciso consertar a situação. Que minha vida acabou. Que preciso cuidar de você. Mas depois ocorre a mim mesma: "Uau, como é doloroso para mim não ser capaz de receber empatia dos outros, de ter alguém que acolha os meus sentimentos, minhas necessidades e tudo o que está vivo dentro de mim, tudo o que eu gostaria que fosse um presente para alguém. Ver as minhas necessidades transformadas em exigências é muito doloroso. Não sei como obter dessa pessoa aquilo de que preciso. Vou tentar novamente para ver se consigo receber um pouco de empatia".

Marshall como praticante de CNV: Você estaria disposta a tentar escutar o que eu falo sem se sentir responsável por isso?

Namorada: O que você quer dizer?

Praticante de CNV: Eu gostaria de expressar um sentimento e uma necessidade e gostaria que você escutasse apenas isso e mais nada. Não escute que você tem que fazer alguma coisa a respeito. Não escute que fez alguma coisa errada. Apenas repita para mim o que eu disser. Você poderia fazer isso?

Namorada: Vou tentar.

Praticante de CNV: Eu estou tão triste...

Namorada: Sinto muito. [risos]

Praticante de CNV: Não, por favor, não sinta. Espere, aguente firme e repita o que eu disser. Eu estou triste porque gostaria que meus sentimentos e necessidades fossem dádivas ofertadas a você e não ameaças. Você pode me dizer o que foi que você ouviu?

Namorada: Que eu não deveria reagir de uma maneira tão intensa.

Praticante de CNV: Não; não estou tentando dizer o que você deve ou não deve fazer. Eu tenho um sentimento e uma necessidade: apenas se concentre nisso. Estou muito triste porque gostaria que os meus sentimentos e necessidades fossem dádivas para você e não ameaças. Você pode me dizer o que ouviu?

Namorada: Que eu deixo você triste.

Praticante de CNV: Você não me deixa triste; as minhas necessidades me deixam triste. Você pode ouvir apenas isso?

Namorada: Diga de novo.

Praticante de CNV: Eu me sinto muito triste porque gostaria que meus sentimentos e necessidades fossem dádivas para você e não ameaças.

Namorada: Você se sente triste porque eu...

Praticante de CNV: Não!

Namorada: Porque você...

Praticante de CNV: Obrigado.

Namorada: Porque você gostaria que os seus sentimentos e necessidades fossem dádivas para mim e não ameaças.

Praticante de CNV: Estou grato por você ter escutado isso. Vá em paz. Espero que um dia você possa voltar e ficar bem comigo.

FAZENDO UM PEDIDO

Participante K: Mas aí vem a outra frase. [risos]

Marshall: Qual é?

Participante K, como ele mesmo: Estou com medo. Eu preciso sentir que ainda estamos conectados porque antes estávamos. Não importa muito de que modo manteremos essa ligação. Não preciso que você seja minha namorada, mas ainda preciso sentir a conexão e saber que somos amigos.

Marshall: É maravilhoso até onde você foi. Mas se você parar aí, já não é CNV. O que você expressou foi o seu sentimento e a sua necessidade desatendida de ainda manter contato com ela, mas você não deixou claro exatamente o que você quer que a outra pessoa faça. Para uma pessoa que escuta as coisas como ela escuta, isso é como jogar gasolina no fogo. Quando você diz "sejamos amigos" para alguém que não usa as orelhas CNV, e não deixa claro exatamente o que você está querendo, ele vai entender: "você quer me sufocar. Você quer me manter sua escrava". Você tem que ser muito concreto com as pessoas que não falam CNV. Você não pode dizer: "Eu quero que você me ame. Eu quero que você me entenda. Eu quero que você me escute. Eu quero que você seja minha amiga". Indo para o nível mais concreto, o que exatamente você quer que ela faça para ser sua amiga?

Participante K como ele mesmo: Eu gostaria de poder ligar para você uma vez por mês para saber como você está e poder te contar como eu estou.

Marshall: O que você precisa dizer agora é: "Eu gostaria de saber se tudo bem para você se eu telefonar uma vez por mês para saber como você está".

Marshall como a namorada do participante: Por quantos minutos?

Participante K como ele mesmo: Ah, mais ou menos uns 30 minutos em um domingo.

Marshall: Tudo bem.

Nós precisamos ser muito concretos ao usar a CNV.

LIDANDO COM SEXISMO OU RACISMO

Outro participante (L): [falando suavemente] Eu conheço uma pessoa que disse que quando as mulheres se casam elas se transformam numas chatas.

Marshall: Bem, sem a CNV nós iríamos imediatamente ver isso como um comentário sexista. No entanto, com este tipo de pensamento em nossas cabeças, perderíamos a oportunidade de fazer com que essa pessoa seja mais sensível em relação às nossas necessidades. No momento em que julgamos alguém como "sexista" ou "racista", mesmo que não digamos isso em voz alta, o simples fato de ter esse pensamento em mente faz com que percamos a possibilidade de obter aquilo de que necessitamos... E então, o que foi que você disse?

Participante L: Fiquei em silêncio por alguns momentos porque estava perturbada e não sabia o que dizer. Não disse a ele que aquele era um comentário sexista. Enquanto estava quieta, eu me senti mal pelo fato de os homens falarem coisas assim das mulheres, e não estava no clima para usar a CNV.

Marshall: Aquela pausa de poucos segundos drenou toda a sua energia de CNV. E então você se permitiu deixar de aplicá-la.

Participante L: Depois eu balancei a cabeça e disse: "As mulheres deveriam ter o direito de serem chatas".

Marshall: Você está concordando com ele. Um praticante de CNV nunca concorda ou discorda. E eu te dou um alerta: nunca entre na cabeça das pessoas – é feio lá dentro. [risos] Fique longe da cabeça. Vamos ao coração.

Marshall como o homem: É verdade que todas vocês, mulheres, se transformam em pessoas chatas quando se casam?

Praticante de CNV: [silêncio]

Marshall: Essa é a pausa. A praticante de CNV está muito brava agora. Como disse antes, quando um praticante de CNV fica bravo, é porque sabe que não ouviu o que precisava ouvir. Então apenas se afasta por alguns instantes e se acomoda para assistir ao verdadeiro show de julgamentos que está acontecendo dentro da própria cabeça.

Praticante de CNV: [diálogo interno] Tenho vontade de torcer o pescoço desse sexista. Não aguento mais ouvir esse tipo de observação. Estou cansada dessa insensibilidade para com as minhas necessidades. Por que, só por eu ser mulher, preciso aguentar esse tipo de comentário para cima de mim no trabalho a toda hora? [suspiro] [o diálogo interno termina]

Praticante de CNV: [em voz alta] Você está passando por alguma tensão no seu casamento sobre a qual gostaria de conversar? [muitos risos]

Participante L: Na verdade, eu pensei mesmo nisso naquela hora mas achei melhor não falar sobre o assunto porque estávamos em um almoço de despedida de um dos colegas de trabalho.

Marshall como o homem: Do que é que você está falando? Estávamos apenas nos divertindo. Você é muito sensível!

Marshall como praticante de CNV: Então você estava apenas brincando comigo e gostaria que eu achasse graça?

Marshall como o homem: Sim.

Marshall como praticante de CNV: Nesse caso, gostaria de te dizer por que não é uma coisa tão fácil para mim. Quero te contar como é doloroso para mim escutar comentários desse tipo.

Marshall como o homem: Bom, você não deveria ser tão sensível.

Marshall como praticante de CNV: Gostaria que você esperasse até eu terminar de falar antes de me interromper dizendo o que eu não deveria fazer. Está disposto a isso?

Marshall como o homem: Ai, quanto mimimi. [risos]

Marshall como praticante de CNV: Então você está chateado e gostaria que eu conseguisse levar tudo na piada com você?

Marshall como o homem: Sim, realmente é insuportável estar com vocês liberais.

Marshall como praticante de CNV: Então você gostaria de poder brincar e fazer piadas sem precisar se preocupar com cada palavra que está dizendo?

Marshall como o homem: Sim.

Marshall como praticante de CNV: E eu gostaria de conseguir fazer isso também. Mas queria que entendesse porque isso tudo é tão doloroso para mim. Então pergunto se você está disposto a ouvir o que é que está acontecendo comigo.

Pronto! Agora podemos conscientizar esse sujeito.

XINGAMENTOS

Outro participante: Como o praticante de CNV reage a um xingamento contundente?

Marshall: Na CNV, todos os xingamentos são expressões trágicas de necessidades não atendidas. Ao ouvir ofensas dirigidas contra si, um praticante de CNV se pergunta: "O que será que essa pessoa precisa e não está conseguindo obter?" É trágico; ela não consegue dizer qual é a sua necessidade de uma forma que não seja ofensiva.

Marshall como a pessoa que proferiu o insulto: Você é muito sensível.

Praticante de CNV: Você gostaria que eu entendesse você de outra maneira?

Marshall como a pessoa que proferiu o insulto: Você é a pessoa mais egoísta que eu conheço.

Praticante de CNV: Você gostaria que eu tivesse guardado o último pedaço de bolo para você?

Xingamentos são simplesmente expressões trágicas de necessidades não atendidas. Praticantes de CNV sabem que não existem categorias estanques como normal, anormal, certo, errado, bom ou ruim. Sabem que tudo isso é produto da linguagem que treinou as pessoas a viverem sob o domínio de um rei. Se você quer treinar as pessoas para serem dóceis diante de uma autoridade, para se encaixarem em uma estrutura hierárquica de modo subserviente, é muito importante entrar na cabeça delas e fazer com que pensem sobre o que é "certo", o que é "normal", "apropriado", e conceder o poder de definição à autoridade que fica no topo. Você pode aprender mais sobre como isso surgiu no meu livro sobre Mudança Social.

Quando a pessoa é criada numa cultura assim, fica submetida a essa trágica manobra. E aí, quando está sofrendo ou tem necessidade de alguma coisa, não sabe se expressar de outra forma que não seja ofendendo alguém.

O objetivo, na CNV, é interromper esse ciclo. Sabemos que a base da violência está no fato de as pessoas estarem sofrendo e não conseguirem expressar isso. Há um livro chamado *Out of Weakness* [Por fraqueza], de Andrew Schmookler, do Departamento de Resolução de Conflitos da Universidade de Harvard. Ele escreveu nesse livro que a base de toda espécie de violência – quer estejamos falando de violência verbal, psicológica ou física, entre marido e mulher, entre pais e filhos, ou entre nações – é a dificuldade que as pessoas têm para entrar em contato com aquilo que está dentro delas. Ao invés disso, elas aprendem uma linguagem que indica que os problemas são causados pelos vilões, pelos bandidos, que estão lá fora. Então, até mesmo o líder de um país dirá sobre um outro país: "Eles são o império do mal". E então os líderes do outro país retrucarão: "Eles são opressores imperialistas" – ao invés de perceberem e revelarem a dor, o medo, e as necessidades não atendidas que estão por trás das palavras que ouviram antes. Este é um fenômeno social muito perigoso. É por isso que os praticantes de CNV se empenham em somente ouvir a dor e as necessidades que se escondem atrás de qualquer ofensa para, assim, não a levarem para o lado pessoal e nem responderem na mesma moeda.

Manifestando apreço

Outro participante (M): Você poderia por favor mencionar três coisas que são necessárias para expressar apreço ou reconhecimento?

Marshall: Três coisas são necessárias para expressarmos apreço – e não se trata de elogio, porque não existe tal coisa na CNV. Elogio é uma técnica de julgamento clássica. Os administradores de empresa adoram isso porque há pesquisas que dizem que o desempenho dos funcionários melhora se você os elogia pelo menos uma vez por dia. Isso pode funcionar por um tempo, até que eles percebem a manipulação. Na CNV, nunca usamos o reconhecimento para obter algum resultado de alguém, mas apenas para celebrar, para que a pessoa saiba como nos sentimos bem em razão de algo que ela fez. Os três elementos da manifestação de apreço são:

1. o que a pessoa fez que suscitou o nosso reconhecimento – e devemos ser muito específicos sobre isso;
2. nossos sentimentos, e
3. nossas necessidades que foram atendidas.

O que é necessário para praticar a CNV?

Outro participante (N): Marshall, eu gostaria também que você mencionasse as três coisas que são necessárias para se atingir proficiência na CNV.

Em primeiro lugar, a boa notícia é que não precisamos ser perfeitos. Não precisamos ser santos. E não precisamos ter paciência. Não é necessário ter muita autoestima nem autoconfiança. E tenho demonstrado que você nem precisa ser uma pessoa normal. [risos]

O que é preciso? Para começar – e isso é o mais importante – precisamos ter clareza espiritual. É fundamental estar muito consciente de como queremos nos conectar com outros seres humanos. Vivemos em uma sociedade, lamento dizer, que em sua história e evolução vem se mostrando altamente julgadora. Ela está caminhando na direção da CNV rapidamente – se pensarmos como Teilhard de Chardin (que era paleontologista e, portanto, pensava em termos de centenas de milhares de anos). Mas, do meu ponto de vista, as coisas não estão mudando tão rapidamente quanto eu gostaria e por isso faço o que posso para acelerar o processo. Minha atividade principal é trabalhar comigo mesmo. Quando estou plenamente engajado com a CNV, acho que estou ajudando o planeta. E o que me sobra de energia, eu uso para ajudar outras pessoas a se envolverem nesse processo também. Portanto, a coisa mais importante é ter clareza espiritual, estar muito consciente de como quero me conectar com as outras pessoas. Quanto a mim, preciso fazer uma pausa todos os dias – duas, três, quatro vezes – realmente parar e lembrar a mim mesmo como quero estar conectado aos outros neste mundo.

Como faço isso? Essa é uma questão individual e cada um encontra a sua maneira. Algumas pessoas chamam de meditação, oração, pausa e desaceleração, ou qualquer outro nome. Pessoalmente, faço de formas diferentes a cada dia, mas o básico é parar, desacelerar, e verificar o que está se passando dentro da minha cabeça. Vejo julgamentos atravessando meu espaço mental? Ou meus pensamentos assumem a forma da CNV? Eu paro e observo o que está acontecendo ali e desacelero. Lembro a mim mesmo da "razão importante e sutil pela qual nasci como um ser humano e não como uma cadeira", para citar uma das minhas peças favoritas: *A Thousand Clowns* [Mil Palhaços]. Então, essa é a coisa mais importante: clareza espiritual.

Em segundo lugar: é necessário praticar, praticar e praticar. Faço uma anotação toda vez que me pego julgando a mim mesmo ou outra pessoa. Anoto qual foi o estímulo que causou isso. O que fiz? O que foi que os outros disseram ou fizeram que, de repente, me levou a voltar ao modo julgador? E então uso isso. Em algum momento do dia, eu me sento, olho a minha lista e tento ter empatia comigo em relação à dor que senti naquele momento. Tento não me agredir. Procuro perceber qual era a dor que me levou a falar daquela maneira. E então me pergunto: "Como poderia ter usado a CNV naquela situação? O que será que a outra pessoa estava sentindo ou precisando?" Os praticantes de CNV adoram bagunçar as coisas porque sabem que não precisam ser perfeitos. Conhecemos o perigo de tentar ser perfeitos. Apenas procuramos nos tornar progressivamente menos estúpidos. [risos] Quando o seu objetivo é esse, toda vez que faz uma besteira, isso vira motivo de celebração. É uma chance de aprender como ser menos inepto. Então pratique, pratique, pratique, para aprender a ser menos néscio.

E em terceiro lugar, realmente ajuda fazer parte de uma comunidade de apoio de CNV. Vivemos em um mundo julgador. Assim, é muito proveitoso se construirmos um mundo de CNV à nossa volta pois poderemos, a partir dele, edificar um mundo de CNV maior ainda. Por isso sou imensamente grato por termos todos esses grupos locais.

O que o amor tem a ver com isso

Acho que pode ser útil para vocês compreender que a Comunicação Não Violenta nasceu da minha tentativa de entender o que é o amor e como manifestá-lo. Como fazer isso? Cheguei à conclusão de que amor não é alguma coisa que sentimos, mas algo que manifestamos, que fazemos, que temos. E amor é algo que damos de presente. Nós nos damos de maneiras individuais. É um verdadeiro presente quando você se revela de maneira honesta, despida, a qualquer momento, por nenhum outro motivo a não ser o propósito de revelar o que está vivo em você. Não para culpar, criticar ou punir. Apenas assim: "Aqui estou e é disso que eu gostaria. Essa é a minha vulnerabilidade neste momento". Para mim, esse tipo de oferenda é uma manifestação de amor.

Outra forma de nos doarmos tem a ver com a maneira como recebemos a mensagem do outro. É um presente recebê-la com empatia, conectando-nos com aquilo que está vivo na outra pessoa, sem qualquer julgamento. É um presente quando tentamos ouvir o que está vivo na outra pessoa e o que ela gostaria. Portanto, a CNV é apenas uma manifestação daquilo que eu entendo por amor. Nesse sentido, é bastante similar ao conceito judaico-cristão de "ame o seu próximo como a si mesmo" e "não julgueis para não serdes julgados".

É incrível o que acontece quando nos conectamos com as pessoas dessa forma. Essa beleza, essa potência, nos conecta com uma energia que eu escolhi chamar de Amorosa Energia Divina – um dos vários nomes de Deus. A Comunicação Não Violenta me ajuda a estar conectado com essa esplêndida Energia Divina dentro de mim e a me conectar com ela nos outros. Essa é a coisa mais próxima do "amor" que experimentei.

Conclusão

Nos relacionamentos, queremos ser quem somos, mas queremos fazer isso de uma forma que também seja respeitosa com os outros, mesmo que eles não nos tratem com muito respeito. Queremos estar conectados, mas não queremos acabar envolvidos pelo modo como os outros fazem as coisas. Então como fazer isso? Como conseguir as duas coisas? Minha sugestão é que façamos isso expressando-nos com muita assertividade. A CNV é uma linguagem muito assertiva. Podemos nos expressar em alto e bom som, de uma forma muito clara, sobre como nos sentimos, quais são as nossas necessidades, o que queremos da outra pessoa. Mas somos muito assertivos sem fazer as duas coisas que transformam assertividade em violência. Na CNV, somos assertivos sem criticar o outro. Então, não falamos nada na linguagem da CNV que de alguma maneira possa dar a entender que a outra pessoa está errada. E com a palavra "errada" quero dizer mil coisas diferentes, como inapropriada, egoísta, insensível, ou, em suma, qualquer palavra que classifique o outro como sendo uma coisa.

Com a CNV aprendemos a ser muito assertivos ao expressar o que está acontecendo conosco. E também temos a maravilhosa arte de falar para os outros, de uma maneira igualmente bastante assertiva, o que queremos que eles façam, mas apresentamos isso como um pedido e não como uma exigência. Porque no exato instante em que os outros escutam de nossa boca uma palavra que soe como crítica ou exigência, ou que revele que não consideramos as necessidades deles tão importantes quanto as nossas, ou quando a outra pessoa fica com a impressão de que só nos preocupamos conosco, aí já perdemos, porque ela não terá energia suficiente para realmente levar em conta as nossas necessidades. Mobilizará toda a sua energia na autodefesa ou resistência.

Somos muito assertivos quando falamos a linguagem da CNV, mas de uma maneira que a nossa assertividade seja, para o outro, um presente que revela, sem qualquer disfarce, o que está se passando conosco, que desvela com clareza o que queremos.

Eu diria que a necessidade humana básica, o sentimento mais incrível para todo mundo, é o contentamento que sentimos ao perceber que temos o poder de tornar a vida mais plena. Nunca conheci alguém que não se alegre ao fazer alguma coisa pelos outros, desde que o faça livremente, de boa vontade. Acredito que isso acontece quando a outra pessoa consegue confiar que eu não estou ali para coagi-la a fazer alguma coisa. Nessa circunstância, a dança da CNV acontece – ambos compartilham o que estão sentindo e precisando. E tenho muita esperança de que isso esteja acontecendo. Nos meus próprios relacionamentos, com bastante frequência coloco à prova essa filosofia aparentemente cor-de-rosa.

APÊNDICE

OS QUATRO COMPONENTES DA CNV

Expressar, objetivamente, como **eu estou**, sem culpar ou criticar.	Receber, empaticamente, como **você está**, sem ouvir recriminações ou críticas.
OBSERVAÇÕES	
1. O que eu observo (*vejo, ouço, lembro, imagino, livre de minhas avaliações*) que contribui, ou não, para o meu bem-estar: "*Quando eu (vejo, ouço, ...) ...*"	1. O que você observa (*vê, ouve, lembra, imagina, livre de suas avaliações*) que contribui, ou não, para o seu bem-estar: "*Quando você (vê, ouve, ...) ...*" (*Coisas que recebemos empaticamente, mesmo que não tenha sido dito dessa forma.*)
SENTIMENTOS	
2. Como eu me sinto (*emoção ou sensação em vez de pensamento*) em relação ao que observo: "*Eu me sinto...*"	2. Como você se sente (*emoção ou sensação em vez de pensamento*) em relação ao que você observa: "*Você se sente...*"
NECESSIDADES	
3. Do que eu preciso ou o que é importante para mim (*em vez de uma preferência ou de uma ação específica*) – a causa dos meus sentimentos: "*... porque eu preciso de / porque é importante para mim...*"	3. Do que você precisa ou o que é importante para você (*em vez de uma preferência ou de uma ação específica*) – a causa dos seus sentimentos: "*... porque você precisa de / porque é importante para você...*"
Faço um pedido claro, sem exigir, de algo que enriqueceria **minha** vida.	Recebo empaticamente o seu pedido de algo que enriqueceria **sua** vida, sem ouvir como uma exigência.
PEDIDOS	
4. As ações concretas que eu gostaria que ocorressem: "*Você estaria disposto/a...?*"	4. As ações concretas que você gostaria que ocorressem: "*Você gostaria de...?*" (*Coisas que recebemos empaticamente, mesmo que não tenha sido dito dessa forma.*)

OUVIR • FALAR

APÊNDICE

LISTA DE ALGUNS SENTIMENTOS UNIVERSAIS

Sentimentos quando as necessidades estão atendidas:

- admirado
- agradecido
- aliviado
- animado
- comovido
- confiante
- confortável
- curioso
- emocionado
- esperançoso
- feliz
- inspirado
- motivado
- orgulhoso
- otimista
- realizado
- revigorado
- satisfeito
- seguro
- surpreso

Sentimentos quando as necessidades não estão atendidas:

- aborrecido
- aflito
- assoberbado
- confuso
- constrangido
- desanimado
- desconfortável
- frustrado
- impaciente
- impotente
- intrigado
- irritado
- nervoso
- preocupado
- relutante
- sem esperança
- solitário
- triste
- zangado

LISTA DE ALGUMAS NECESSIDADES UNIVERSAIS

Autonomia
- escolher sonhos/propósitos/valores
- escolher planos para realizar os próprios sonhos, propósitos, valores

Bem-estar físico
- abrigo
- água
- ar
- comida
- descanso
- expressão sexual
- movimento, exercício
- proteção contra ameaças à vida: vírus, bactérias, insetos, animais predadores
- toque

Celebração
- celebrar a criação da vida e os sonhos realizados
- lamentar perdas: de entes queridos, sonhos etc. (luto)

Comunhão espiritual
- beleza
- harmonia
- inspiração
- ordem
- paz

Integridade
- autenticidade
- criatividade
- sentido
- valor próprio

Interdependência
- aceitação
- acolhimento
- amor
- apoio
- apreciação
- compreensão
- comunidade
- confiança
- consideração
- contribuição para o enriquecimento da vida
- empatia
- honestidade (a honestidade que nos permite tirar um aprendizado de nossas limitações)
- proximidade
- respeito
- segurança emocional

Lazer
- diversão
- riso

Sobre a Comunicação Não Violenta

Do dormitório às altas esferas de decisão empresarial, da sala de aula à zona de guerra, a CNV está mudando vidas todos os dias. Ela oferece um método eficaz e de fácil compreensão que consegue chegar nas raízes da violência e do sofrimento de um modo pacífico. Ao examinar as necessidades não atendidas por trás do que fazemos e dizemos, a CNV ajuda a reduzir hostilidades, curar a dor e fortalecer relacionamentos profissionais e pessoais. A CNV está sendo ensinada em empresas, escolas, prisões e centros de mediação no mundo todo. E está provocando mudanças culturais pois instituições, corporações e governos estão integrando a consciência própria da CNV às suas estruturas e abordagens de liderança.

A maioria tem fome de habilidades que melhorem a qualidade dos relacionamentos, aprofundem o sentido de empoderamento pessoal, ou mesmo contribuam para uma comunicação mais eficaz. É lamentável que tenhamos sido educados desde o nascimento para competir, julgar, exigir e diagnosticar – pensar e comunicar-se em termos do que está "certo" e "errado" nas pessoas. Na melhor das hipóteses, as formas habituais de falar atrapalham a comunicação e criam mal-entendidos e frustração. Pior, podem gerar raiva e dor, e levar à violência. Inadvertidamente, mesmo as pessoas com as melhores intenções acabam gerando conflitos desnecessários.

A CNV nos ajuda a perceber além da superfície e descobrir o que está vivo e é vital em nós, e como todas as nossas ações se baseiam em necessidades humanas que estamos tentando satisfazer. Aprendemos a desenvolver um vocabulário de sentimentos e necessidades que nos ajuda a expressar com mais clareza o que está acontecendo dentro de nós em qualquer momento. Ao compreender e reconhecer nossas necessidades, desenvolvemos uma base partilhada que permite relacionamentos muito mais satisfatórios.

Junte-se aos milhares de pessoas do mundo todo que aprimoraram seus relacionamentos e suas vidas por meio desse processo simples, porém revolucionário.

Sobre o Center for Nonviolent Communication

O Center for Nonviolent Communication (CNVC) é uma organização global que apoia o aprendizado e a partilha da Comunicação Não Violenta, e ajuda as pessoas a resolver conflitos de modo pacífico e eficaz no contexto individual, organizacional e político.

O CNVC é guardião da integridade do processo de CNV e um ponto de convergência para informação e recursos relacionados à CNV, inclusive treinamento, resolução de conflitos, projetos e serviços de consultoria organizacional. Sua missão é contribuir para relações humanas mais sustentáveis, compassivas e que apoiem a vida no âmbito da mudança pessoal, dos relacionamentos interpessoais e dos sistemas e estruturas sociais, tal como nos negócios, na economia, na educação, justiça, sistema de saúde e manutenção da paz. O trabalho de CNV está sendo realizado em 65 países e crescendo, tocando a vida de centenas de milhares de pessoas por todo o mundo.

Visite o site **www.cnvc.org** onde poderá saber mais sobre as atividades principais da organização:

- Programa de Certificação
- Treinamentos Intensivos Internacionais
- Promover Formação em CNV
- Patrocínio de projetos de mudança social através da CNV
- Criação ou ajuda na criação de materiais pedagógicos para ensinar CNV
- Distribuição e venda de materiais pedagógicos de CNV
- Promover ligações entre o público em geral e a comunidade de CNV

The Center for Nonviolent Communication

9301 Indian School Rd NE, Suite 204. Albuquerque, NM 87112-2861 USA. Tel: 1 (505) 244-4041 | Fax: 1 (505) 247-0414

Sobre o autor

Marshall B. Rosenberg, Ph.D., fundou e foi diretor de serviços educacionais do Center for Nonviolent Communication – CNVC, uma organização internacional de construção de paz. Além deste livro, é autor do clássico Comunicação Não Violenta. Marshall foi agraciado com o Bridge of Peace Award da Global Village Foundation em 2006, e com o prêmio Light of God Expressing Award da Association of Unity Churches International no mesmo ano.

Tendo crescido num bairro violento de Detroit, Marshall interessou-se vivamente por novas formas de comunicação que pudessem oferecer alternativas pacíficas às agressões que ele presenciou. Esse interesse motivou seus estudos até o doutorado em Psicologia Clínica da University of Wisconsin em 1961, onde foi aluno de Carl Rogers. Estudos e vivências posteriores no campo da religião comparada o motivaram a desenvolver o processo de Comunicação Não Violenta.

Marshall aplicou o processo de CNV pela primeira vez em um projeto federal de integração escolar durante os anos 1960 com a finalidade de oferecer mediação e treinamento em habilidades de comunicação. Em 1984 fundou o CNVC, que hoje conta com mais de 200 professores de CNV afiliados, em 35 países do mundo inteiro.

Com violão e fantoches nas mãos, e um histórico de viagens a alguns dos lugares mais violentos do planeta, dotado de grande energia espiritual, Marshall nos mostrou como criar um mundo mais pacífico e satisfatório.

Texto composto na fonte Linguistics Pro.
Impresso em papel Avena LD 80gr pela Cromosete.